Engel der Meere

Kris Dorea

Engel der Meere

Die Weisheit der Delfine

Mit Illustrationen von
Günter Leisering

Urania

*Einen delfinischen Dank
an Christa Nussbaumer,
der die Idee zu diesem Projekt
zu verdanken ist!*

1. Auflage 2003

ISBN 3-908653-48-7

Umschlag: Oliver Aumann, Kreativ Design, Wiesbaden
Satz: GBS, Lyss/Schweiz
Druck: Printer Trento, Italien
Printed in Italy
www.uraniaverlag.ch
www.tarotworld.com

Inhalt

Delfine – Engel der Meere

Delfine leben aus dem kosmischen Bewusstsein. Sie sind wie Engel der Meere.

Delfine im Altertum

Schon früh erstaunten und ergötzten sich die Bewohner des Mittelmeerraums und des Schwarzen Meers an den lebhaften Delfinen, berichteten davon und stellten diese geselligen und spielerischen Meeresbewohner künstlerisch dar. In der kretisch-mykenischen Kunst konkurriert der Delfin noch mit dem Polypen, später gilt er der griechischen Kultur aber eindeutig als »König der Meeresbewohner« und erhält künstlerischen Vorrang.

Wegen seiner Wetterfühligkeit galt der Delfin den Seefahrern des Altertums als Signalgeber für Wetterumschwünge. Seine Kopfform bestimmte oft den Bug eines Schiffes. Neben Einsicht und Klugheit war man überzeugt, dass der Delfin eine ausgeprägte Musikliebe besitze.

Früh wurde er dadurch zum heiligen Tier des Sonnengottes Apollon, der auch den Beinamen »Delphinios« führte und die Gestalt eines Delfins annehmen konnte. In der Gestalt eines Delfins wies der Gott kretischen Seefahrern den Weg nach Krisa (auch Kirrha), das zu Zeiten Homers die Vorstandschaft über das delphische Heiligtum innehatte.

Der griechische Gott Dionysos (lat. Bacchus) verwandelte tyrrhenische Seeräuber, die ihn als jungen Gott entführt hatten, angeblich in Delfine. Ein Delfin trug Aphrodite, die »Schaumgeborene«, also in der Gischt des Meeres geborene Göttin, nach ihrer Geburt an den Strand von Paphos. Auch sie kann die Gestalt eines Delfins annehmen.

Delfine spielen in der griechischen Mythologie eine besondere Rolle, die hier nur angedeutet werden kann. Interessant ist vielleicht noch die Anschauung, dass ein Mensch, der auf einem Delfin reitet, als Zeichen der Überwindung des Todes angesehen wurde. Durch die Verbindung zu Apollon ist Leben und Vitalität der Sonnenkraft mit dem Delfin symbolisch vereint, und durch die Verbindung zu Aphrodite ist er auch ein Symbol der Liebe. Leben – Liebe – Überwindung des Todes: wahrhaft kosmische Energien!

Der ausdrücklich kosmische Bezug findet sich schließlich im Sternbild Delfin am nördlichen Himmel, das der Witterungsbeobachtung diente. Dieses Sternbild wurde mit den Göttern Apollon, Dionysos und Poseidon in Beziehung gebracht sowie mit dem berühmten Lyriker Arion. Der Legende nach wurde dieser bei einer Seefahrt nach Korinth von den Seeleuten gezwungen, über Bord, in den vermeintlich sicheren Tod zu springen. Durch seinen Gesang bezaubert und bezwungen, kam ein Delfin zu ihm, ließ ihn auf seinem Rücken reiten und brachte ihn bei Tainaron an sicheres Land.

Das Thema »Delfin als Symbol der Liebe« finden wir nicht nur, wie oben erwähnt, in der griechischen Mythologie, sondern auch im indischen Kulturraum. Kama, der Gott der Erotik, führt den Delfin – auch Makara genannt – sozusagen als Wappentier auf seiner roten Fahne. In der Astrologie schließlich gesellt man den Delfin zum Glücksplaneten Jupiter, weil man diesem klugen Meerestier auch Frömmigkeit zumisst.

Delfine im heutigen Bild

Durch ihre komplexe Kommunikation und ihr hoch entwickeltes Gehirn erinnern Delfine uns daran, dass wir Menschen nicht die einzigen intelligenten Geschöpfe auf der Erde sind. Mit spielerischer Leichtigkeit regen Delfine uns Menschen zu mehr Lebensfreude an. Durch ihr soziales Verhalten in der Gruppe geben sie uns ein Vorbild für ein wirklich menschliches Miteinander – das wir leider bis heute zu wenig beachten.

Schon in der Antike wurde davon berichtet, wie Delfine schiffbrüchige Menschen gerettet haben. Und unsere moderne Zeit hat Delfine als einfühlsame Therapeuten für körperlich und/oder geistig schwerstbehinderte Menschen, vor allem für Kinder, entdeckt.

Sogar die Wirtschaft hat den Vorzug des »Delfin-Managements« erkannt und entsprechende ganzheitliche Methoden entwickelt. Dazu gehören die Bemühung um Einklang mit dem natürlichen Umfeld und Entscheidungen über Ziele, die allen Beteiligten in der Gesellschaft nutzen. Auch in der Liebe können uns Delfine an natürliche Formen der Zuneigung erinnern, die Erfüllung ohne irgendwelche Verstrickungen und Zwänge bringen.

Delfine erinnern uns an das Potenzial bewusster Lebewesen, das individuelle Leben in Harmonie mit der göttlichen Ordnung zu entfalten. Sie sind wie Engel des Wassers oder Engel der Meere.

Durch ihre Körperlichkeit sind sie uns jedoch näher als die meist ja unsichtbaren Engel des Himmels.

Delfine sind für uns deshalb wie Schutzengel, Heilengel, Lobesengel, Freudenengel ... Engel für all das, wo wir mehr Leichtigkeit, mehr Offenheit, aber auch mehr spielerisches Leben brauchen. Sie repräsentieren vor allem auch die Kraft des Weiblichen, der Anima, der großen Mutter – also die Gabe der Einfühlung und des natürlichen Fließens mit den schöpferischen Kräften des Lebens.

Delfine als Therapeuten

Es gibt eine Reihe von Erkenntnissen über die Wirkung der Begegnungen von Menschen mit Delfinen, über die »Effekte der Interaktion zwischen Delfin und Mensch«. Die Linderung von Depressionen und anderen Gemütsstörungen zählt dazu, auch plötzliche Glücksgefühle, die bisherige mentale Blockaden auflösen. Sogar bei Gehirnschädigungen, mentaler und physischer Zurückgebliebenheit, beim Down-Syndrom, Autismus und mangelnder Konzentrationsfähigkeit haben Begegnungen der Patienten mit Delfinen geradezu

Wunder gewirkt. Ein Beispiel für erstaunliche Heilerfolge wird aus Israel berichtet, wo es ein Therapieprogramm für Kinder gibt.

Mit Delfinen im Roten Meer

Domino ist ein Delfin. Er schwimmt im Dolphins Reef in Eilat am Roten Meer herum. Dort leitet Sophie Donio ein ganz besonderes Therapie-Programm, und der Hauptakteur dabei ist – natürlich – Domino! Dank seiner »Arbeit« kann das Programm auf beeindruckende Ergebnisse bei der therapeutischen Behandlung von Kindern verweisen.

Da ist zum Beispiel Ran, ein zehnjähriger autistischer Junge, der in sich gekehrt in seiner eigenen Welt lebt. Ran verbrachte einige Zeit mit Domino, fütterte ihn und spielte mit ihm. Eines Tages rannte er am Strand plötzlich auf seinen Vater zu und sah ihm direkt in die Augen – zum ersten Mal in seinem Leben. Und die sechsjährige Netta, bei der kurz nach ihrer Geburt eine Infektion einen Hirnschaden verursachte, sprach ihren ersten zusammenhängenden Satz, nachdem sie ein Jahr lang in engem Kontakt mit Domino gelebt hatte.

»Es ist bekannt, daß Delfine für die Arbeit mit behinderten Kindern hervorragend geeignet sind«, sagt Sophie Donio. »Wir starteten deshalb im Jahr 1991 in Israel das ›Supportive Experience With Dolphins Program‹ (Programm für Therapieunterstützung durch Delfine; Anm. K.D.). Es wurde für Kinder über sieben Jahren entwickelt, die mit ganz unterschiedlichen Problemen leben müssen, wie zum Beispiel dem Down-Syndrom, Lernbehinderungen, Magersucht, Hyperaktivität, Kommunikations- und Konzentrationsproblemen, Taubheit, Blindheit, Depressionen oder sexuellem Missbrauch.« Israel gehört mit den USA, Australien und Großbritannien zu den wenigen Ländern, in denen Programme dieser Art laufen.

»Wir nehmen nur eine geringe Anzahl Kinder in das Programm auf, damit wir uns auf jedes einzelne voll konzentrieren können«, erklärt die Projektleiterin. Die kleinen Patienten nehmen an einer Serie von mindestens sieben Kursen teil. Jeder Kurs dauert vier Tage und ist sorgfältig strukturiert, die kognitive und emotionale Entwicklung wird dabei ausbalanciert. Jeder Tag beginnt mit einer Trainingseinheit für Patient und Delfin. Das Kind arbeitet mit dem Trainer und lernt, den Delfin zu füttern und durch Zeichen mit ihm zu kommunizieren. »Wir leiten die Kinder sehr behutsam an, Kontakt zum Tier herzustellen, und geben ihnen kleine Ziele vor, die sie gemeinsam mit dem Delfin erreichen können. Das stimuliert ihren Denkprozess und den Wunsch zur Zusammenarbeit und fördert die Konzentration der Kinder.«

Im Anschluss an die Trainingseinheit schwimmen oder treiben Trainer und Kind mit den Delfinen im Wasser. »Die Delfine sind dann schon gefüttert worden. Sie bleiben nicht bei uns, weil sie auf Futter warten, sondern weil sie die Nähe zu uns suchen«, erklärt Sophie Donio. »Ihre unglaubliche Freundlichkeit gegenüber Menschen; die angenehme Berührung mit ihren Nasen, die Geräusche, die sie machen und das permanente Lächeln auf ihren Gesichtern – das alles macht den Kontakt mit ihnen so angenehm und interessant.«

Die kleine Netta machte innerhalb weniger Monate im Therapiezentrum erstaunliche Fortschritte. In ihrer ersten Trainingseinheit konnte sie kaum still sitzen und hatte Probleme, den Anweisungen des Trainers zu folgen und die Handzeichen zu imitieren. Vier Monate später war sie eifrig und diszipliniert bei der Sache und gab dem Delfin die richtigen Zeichen. Die Sechsjährige hatte nur noch

Schwierigkeiten damit, den Fisch loszulassen, mit dem sie den Delfin füttern sollte …

»Es sind die Delfine, die den Kontakt suchen, das geht nicht von Ran aus«, sagt der Vater des Jungen. »Wenn er schwimmt, schwimmen sie um ihn herum. Sie verhalten sich, als ob sie ihn kennen würden.« Als Ran einmal alleine vor sich hin schwamm, näherte sich Domino und die zwei begannen miteinander zu spielen. Zehn Minuten lang dauerte diese Zweisamkeit. Sein Vater erinnert sich an einen weiteren Durchbruch während der Therapie: »Das Unglaublichste war, dass mich Ran einmal, nachdem er mit Domino im Wasser gespielt hatte und wieder heraus kam, plötzlich umarmte. Das war vorher noch nie passiert, und ich brauche wohl nicht zu betonen, was das für einen Vater bedeutet…«

Was ist nun aber das besondere an den Delfinen? Sophie Donio: »Andere Tiere dienen dem Therapeuten praktisch als eine Art Werkzeug bei der Arbeit mit dem Patienten. Das ist bei der Delfin-Therapie ganz anders, denn die Delfine sind selbst die Therapeuten. Sie sind diejenigen, die die Patienten motivieren, sie bestimmen, wie die Interaktion vor sich geht. Es ist, als ob die Delfine die

Schwäche der Kleinen spüren und deshalb sehr behutsam mit ihnen umgehen – perfekte Therapeuten also …

Über die oben geschilderten Begebenheiten hinaus wurden Begegnungen mit Delfinen innerhalb von Therapieprogrammen auch folgende Wirkungen beobachtet: Schmerzauflösung bzw. Linderung von einigen Stunden bis zu vier Tagen bei Patienten mit chronischen Rückenschmerzen und Anregung der Produktion von körpereigenen »T-Zellen«, die gegen Infektionen vorgehen, sowie von Endorphinen und Hormonen.

Wie erklärt man sich solche Phänomene? Noch gibt es auf diese Frage keine eindeutige Antwort. Manche Forscher spekulieren, ob vielleicht die hohen Frequenzen – das hörbare »Piepsen« und »Pfeifen« wie das nicht hörbare Aussenden von

 Günter Joemann, Gemener Straße 6a, 46359 Heiden (www.joemann.de) ist herzlich dafür zu danken, dass er diesen Text auf seiner Webseite einer breiteren Öffentlichkeit zugänglich gemacht hat! Kontakt zu diesem Programm: Dolphin Rife Eilat, Rif Halmogim Hachof Hadromi, Eilat; siehe auch Anhang.

Echolot-Frequenzen bis zu 200.000 Hertz – die Nervenzellen des Menschen stimulieren. Das bleibt bislang jedoch ungeprüft. Man hat indes wissenschaftlich bewiesen, dass nach der Begegnung mit Delfinen die Hemisphären des menschlichen Gehirns, die beiden Gehirnhälften, aktiver und synchroner miteinander kommunizieren, und man hat einen höheren Anteil niedriger Gehirnwellen im Alpha- und Theta-Bereich festgestellt. Diese langsamen Wellen – wie sie auch bei der Meditation entstehen! – stärken das Immunsystem und die Selbstregulierungsprozesse im Körper und führen zu einem ganzheitlichen allgemeinen Wohlbefinden und zum Gefühl von innerer Harmonie.

Therapieformen

Es gibt unstrukturierte, offene sowie methodisch-systematische Therapieformen.

Eine strukturierte Stunde besteht aus Arbeit über und im Wasser zwischen Therapeut und Patient. Dabei stehen Therapieformen zur Verbesserung der verbalen, motorischen und sozialen Fähigkeiten mit entsprechenden Übungen im Mittelpunkt. Der Kontakt mit dem Delfin durch Berührung oder gemeinsames Schwimmen mit ihm soll den Patienten besonders motivieren oder »belohnen«, um sich an den klassischen Therapieformen aktiv zu beteiligen.

Darüber hinaus schreibt man, wie oben erwähnt, auch dem Sonarorgan der Delfine bisweilen auch eine direkt heilende Wirkung für den menschlichen Organismus zu. Die Therapie-Stunden dauern etwa vierzig Minuten pro Tag; man rechnet mit einer Therapiedauer von ein bis zwei Wochen. Die Patienten (vor allem Kinder) brauchen natürlich eine stabile soziale Umgebung an dem für sie ja meist fremden Ort, damit sie sich in der ganzen Zeit, wenn keine Therapiestunde stattfindet, wohl fühlen und vielleicht auch »aufgefangen« werden. Eine verständnisvolle Begleitung wird also ausdrücklich angeraten.

In der offenen Form begegnet man den Delfinen in einem Delfinarium oder auf offener See. Auch hier sind Therapeuten mit Patienten beschäftigt, aber man überlässt es im Wesentlichen den Delfinen, den Kontakt herzustellen. Die freie Begegnung, vom Delfin selbst eigenständig initiiert und gestaltet, dient bei dieser Form als wirkungsvollste Therapieform. Der Therapeut begleitet und vermittelt Vertrauen, führt vielleicht ein therapeutisches

Gespräch oder unterstützt durch Massage, Cranio-Sacral-Arbeit oder Anregung der Sinneswahrnehmungen, gibt aber vor allem Raum für die direkte Begegnung zwischen Delfin und Patient.

Daneben gibt es das besonders beliebte Schwimmen mit Delfinen, sowohl mit »zahmen« Tieren in einer geschützten Umgebung wie mit »wilden« Tieren in freien Gewässern. Auch hier sind die psychologischen und vor allem spirituellen Wirkungen nicht genau abzuschätzen. Die meisten TeilnehmerInnen berichten von einem »Durchbruchserlebnis«. Sie fühlen sich im Herzen berührt, durchlichtet und erhoben. Insofern sind auch solche Begegnungen durchaus als ein Weg zur spirituellen Heilung und Offenbarung kosmischer Kräfte zu betrachten.

Die Delfinkarten

Einführung zur Deutung der Karten

Die Delfinkarten dienen dazu, uns wieder an das kosmische Bewusstsein zu erinnern, wie es weiter oben aus der Antike und Gegenwart in zahlreichen Facetten beschrieben wurde. Die Karten stellen einen Zugang dar, Probleme zu lösen, indem wir neue Perspektiven oder Dimensionen entdecken. Sie können intuitive Antworten auf drängende Fragen geben. Sie inspirieren uns dazu, uns auf das Leben neu einzulassen, das Leben wieder ganzheitlicher zu führen. Sie helfen uns, äußere und geistige Grenzen loszulassen bzw. so leicht zu »überspringen«, wie ein Delfin aus dem Wasser in die Luft hinaufschnellt. Die Delfinkarten eignen sich auch sehr gut als liebevolles Geschenk für Freunde.

Die zwölf Motive der Delfinkarten

Die Delfinkarten zeigen 12 Motive, die bestimmte Schlüsselbegriffe für Lebensphasen darstellen. Die Nummerierung dient zur Orientierung auf den

Karten und folgt keiner speziellen Vorgabe, da ja in jedem Lebenslauf die Abfolge der Entwicklungsschritte unterschiedlich ist.

Die fünf Deutungsebenen jeder Delfinkarte

Die zwölf oben beschriebenen Delfinkarten tragen jeweils fünf unterschiedliche Aspekte oder Elemente, die in ihnen vorherrschen, nämlich Wasser, Erde, Feuer, Luft und Äther. Die Farben dieser Elemente sind den Deutungstexten unterlegt, damit man sogleich erkennt, welches Element auf der jeweiligen Version einer Delfinkarte im Vordergrund steht. Diese fünf Aspekte oder Elemente kann man in Stichworten so beschreiben:

Wasser: Eigenschaften sind Fließen, Anpassung, Natürlichkeit. Dieses Element wirkt vor allem im Bereich von Gefühlen, Beziehungen und Partnerschaft (Fondfarbe der Zahl: Türkis).

Erde: Eigenschaften sind Halten, feste Form, Bindekraft. Dieses Element bezeichnet die Bereiche Körper, Geld und Besitz (Fondfarbe der Zahl: Braun).

Feuer: Eigenschaften sind Aktivität, Energie, Transformation: Hier geht es um Vitalität, Motivationskraft und Entscheidungen (Fondfarbe der Zahl: Rot).

Luft: Eigenschaften sind Spielen, Singen, Kommunikation: Das Element Luft bezieht sich auf den geistigen Austausch, das Miteinander-Teilen, auch Leichtigkeit (Fondfarbe der Zahl: Blau).

Äther: Eigenschaften sind Schweben, Loslassen, Bewusstsein und Inspiration: Hier geht es um spirituelle Selbstverwirklichung, um Seelenkraft und Meditation (Fondfarbe der Zahl: Lemon).

Jeder der zwölf Delfine besitzt alle fünf der oben beschriebenen Aspekte. Welcher Aspekt aber für unsere Situation oder Frage gerade jetzt von besonderer Bedeutung ist, das wird von der jeweiligen Karte angezeigt.

Die zwölf Delfine oder »Engel der Meere« erinnern an die zwölf Apostel, an die zwölf Tierkreiszeichen, die zwölf Monate des Jahres, die zwölf astrologischen Häuser, die zwölf Sterne, die Maria bekränzen, die zwölf Jahre eines Jupiterumlaufs und die zwölf Grade der täglichen Mondbewegung.

Die fünf Elemente symbolisieren die fünf Spitzen des Pentagramms, die fünf Sinne (Sehen, Hören, Riechen, Schmecken und Fühlen), die fünf Finger einer Hand, die fünf Arten von Lebewesen (Menschen, Säugetiere, Vögel, Insekten, Fische). Sie finden übrigens eine gewisse Entsprechung auch in den fünf Elementen der chinesischen Lehre vom Tao.

Deutungstexte für die einzelnen Karten

Hier sind ausführliche Deutungen aufgeführt, die auf den Karten selbst aus Platzgründen nur als Stichworte vermerkt sind.

Viele Menschen stellen sich die Fragen: Warum »funktionieren« Karten eigentlich? Warum kann man durch vermeintlich zufälliges und planloses Ziehen und Auslegen von Karten wichtige Impulse in bestimmten Situationen und sinnvolle Antworten auf drängende Lebensfragen erhalten? Für die Delfinkarten gilt, was seit dem 20. Jahrhundert für die Tarotkarten gilt: Wenn etwas gleichzeitig passiert, gibt es einen sinnhaften Zusammenhang zwischen diesen Ereignissen, auch wenn sie kausal nichts miteinander zu tun haben.

Der Schweizer Tiefenpsychologe C.G. Jung hat als erster Wissenschaftler in der Neuzeit in den Mittelpunkt gerückt, dass Zeit eine ganz eigene Qualität besitzt und alles, was gleichzeitig passiert, dadurch »gefärbt« und miteinander verbunden ist. Ich stelle jetzt innerlich eine Frage, jetzt konzentriere ich mich geistig auf ein Thema – und gleichzeitig ziehe ich eine oder mehrere Karten. In der Antike kannte man den *Kairos*, den rechten Zeitpunkt, zu dem Vorhaben glücken bzw. Probleme sich wie von selbst auflösen konnten. Die Delfinkarten helfen, Impulse und Antworten aus einer neuen Ebene zu erhalten.

Vorschläge zu Legemethoden finden Sie am Schluss des Büchleins. Zur Erinnerung: Die Zahlen auf den Karten dienen der besseren Übersichtlichkeit, haben darüber hinaus jedoch keine weitere Bedeutung. Die Farbe darunter signalisiert die Grundstimmung – Wasser, Erde, Feuer, Luft und Äther.

Delfin des Erwachens

Ein Regenbogen über einem Delfin im Wasser: Hier geht es um den Beginn von Entwicklungen oder Handlungen, um das Erwachen und die Vorbereitung auf einen Neuanfang. Wenn wir eine der fünf Karten des Delfins des Erwachens ziehen und legen, geht es darum, dass wir alte Bilder loslassen und ein Thema ganz neu anschauen bzw. uns ganz neu einfühlen.

Es ist eine Zeit des Aufwachens, der Bereitschaft, der Wirklichkeit so zu begegnen, wie sie sich darstellt, und nicht mehr so, wie wir sie vielleicht gerne hätten. Der Regenbogen symbolisiert: Aufwachen ist etwas sehr Schönes, denn die Sonne des kosmischen Lebens lässt unser Leben in allen Regenbogenfarben erstrahlen.

Ohne Visionen wird das Leben mechanisch. Ohne Regenbogen vergessen wir, welche wundervollen Kräfte im Licht verborgen sind. Der Regenbogen ist Symbol einer höheren Vision: Vielfalt und Harmonie in Einheit und Frieden, die hinter Wetter und Regen stehen. Regenbögen entstehen am Übergang zwischen Regenwolken und Sonnenstrahlen. Regenbögen sehen wir nur, wenn wir zum Himmel schauen. Visionen sind notwendig, damit wir den geistigen Blick zum Himmel wenden, damit wir der Seele die Freiheit geben, empor zu fliegen.

1. Delfin des Erwachens – Wasser

Wach auf, jetzt sind Gefühle wichtig: Lass dich auf deine Vision ein. Fühlen ist dran, sich einschwingen, Raum für Resonanz geben. Nicht denken, nicht aufbauen, nicht schwärmen und auch nicht sich etwas vorstellen, sondern fühlen, spüren, empfinden sind jetzt die beste Art und Weise, um sich für jene Vision zu öffnen, welche die nächsten Schritte inspirieren und begleiten soll.

Partnerschaft: Fühle, was dein Herz dir sagt. Folge deinem Herzen. Hab den Mut, dich mit deiner Partnerin bzw. deinem Partner über eure Gefühle auszutauschen.

Beruf: Irgendetwas passt nicht ganz. Es wird Zeit, dass du eine neue Einstellung zu deinem Beruf erlangst – oder spürst, wie er sich wandeln lassen kann.

Spiritualität: Du bist noch nicht am Ende der Weisheit angelangt. Es gibt neue Horizonte zu entdecken, neue Höhen zu erklimmen. Gehe also weiter voran.

2. Delfin des Erwachens – Erde

Gib deiner Vision eine Form, und setze dafür konkrete Mittel ein. Warte nicht auf die vollkommene Form, wie du deine Vision leben kannst, sondern beginne konkret im Hier und Jetzt mit praktischen Schritten. Alles Leben auf dieser Welt braucht eine Form, und Formen brauchen Pläne, Bausteine, Arbeit. Auch der Regenbogen hat deutliche Grenzen und spiegelt doch die Ewigkeit in Raum und Zeit.

Partnerschaft: Warte nicht, bis die vermeintliche ideale Lebenssituation entstanden sein wird – sonst verpasst du womöglich wunderschöne, wichtige Erfahrungen hier und heute.

Beruf: Schreibe einmal auf, welche Mindestanforderungen deiner Vision du erfüllt sehen möchtest – und überlege dir dann die praktischen Schritte, um sie zu verwirklichen.

Spiritualität: Spiritualität fällt nicht vom Himmel, sondern muss genauso eingeübt werden, wie die Kunst, ein Musikinstrument zu spielen. Entscheide dich für Wege und Methoden, die dir helfen.

3. Delfin des Erwachens – Feuer

Aktiviere alle Kräfte, und springe mitten hinein in deine Vision. Du kennst deine Vision längst, du weißt im Innersten schon ganz genau, was dich begeistert und was dir auf deinem Seelenweg hilft. Nun geht es darum, dieser Vision zu glauben oder deiner Intuition über diese Vision zu vertrauen. Zögere nicht, sondern nutze alle Mittel und Möglichkeiten dafür.

Partnerschaft: Erkläre einem lieben Menschen deine Liebe, fahre mit ihm oder ihr in den lang ersehnten Urlaub oder ziehe in die neue Wohnung ein.

Beruf: Beginne mit dem Projekt, das dich begeistert. Du musst ja deine bisherige Arbeit nicht ganz aufgeben, sondern kannst deine Vision als »Teilzeit« beginnen zu leben.

Spiritualität: Nimm am Seminar teil, fahre zum Meditationslehrer, mach deinen Vision Quest oder geh in die Schwitzhütte, geh in die Kirche oder die Moschee.

4. Delfin des Erwachens – Luft

Tanze, spiele und singe deinen Traum: Teile deine Vision mit anderen. Du hast eine Vision, nun bringe sie auch mit Fröhlichkeit zum Ausdruck. Kommuniziere sie, denn bereits der Austausch darüber wird deine Vision entfalten, sie in immer mehr Facetten sichtbar machen und dir helfen, immer neue Aspekte zu entdecken, die du im Alltagsleben verwirklichen kannst.

Partnerschaft: Lade die Phantasie ein, deine Partnerschaft wieder neu zu beflügeln. Gib der Kommunikation über das, was euch beiden Freude macht, noch mehr Raum. Deine Vision wird dir dabei helfen.

Beruf: Eine gute Zeit, neue Ideen zu besprechen, neue Pläne zu schmieden, neue Kontakte zu knüpfen. Jetzt kannst du auch andere Menschen mit deiner Vision begeistern.

Spiritualität: Lerne neue Ideen kennen, lies andere Bücher, geh in dir bislang noch unbekannte spirituelle Kreise. Schaue und höre und spüre, welcher größere Rahmen für deine Vision am besten ist.

5. Delfin des Erwachens – Äther

Lass alte Träume los, schwebe ohne zu wollen im Hier und Jetzt. Es fühlt sich so an, als ob du nicht mehr viel hast, worauf du bauen oder woran du dich halten kannst. Du fällst jedoch nicht irgendwie ins Bodenlose, sondern hast die Chance, eine Zeit lang sozusagen zu schweben. Lass dich davon nicht verunsichern, sondern nutze die Zeit, dich neu zu orientieren.

Partnerschaft: Triff keine vorschnelle Entscheidung, denn der Wunsch nach Veränderung ist zwar vorhanden, aber die Richtung ist noch nicht klar.

Beruf: In dieser Zeit kannst du keine großen Sprünge vorwärts machen und nicht damit rechnen, leicht neue Erfolge einzufahren. Altes funktioniert nicht, Neues ist noch nicht planbar.

Spiritualität: Manchmal fördert es deine geistige Entwicklung am besten, wenn du gar nichts Spezielles willst oder machst. Alte Visionen taugen nicht mehr, neue sind jedoch noch nicht klar erkennbar.

Delfin des Träumens

Ein Regenbogen über einem Delfin unter Wasser: Träumen, Sehnsucht nach etwas, was später erst konkrete Gestalt gewinnen muss. Du spürst etwas, aber noch wie durch einen Schleier. Genieße in dieser Phase deine Träume, lass dich auf sie ein, entdecke verborgene Botschaften in ihnen. Manche Psychologen empfehlen, ein Traumtagebuch zu führen, um den Bildern des eigenen Unbewussten besser auf die Spur zu kommen. Träume sind keine Schäume, wie es der Volksmund bisweilen wissen will. Unterschätzen wir also nicht die Kraft unserer Träume. Auch so genannte Tagträume sind Schwingen der Seele, die sie in höhere Gefilde tragen können. Gestatten wir uns deshalb auch Zeiten, in denen wir unseren Tagträumereien nachhängen. Falls wir uns so etwas bisher noch gar nicht erlaubt haben, sollten wir zumindest jetzt damit anfangen. Dafür kann man sich zu Hause bewusst einen ganz besonders harmonischen Raum oder Platz schaffen, mit schönen Möbeln, Bildern und Gegenständen und entsprechender Musik. Oder wir suchen draußen nach entsprechenden Kraftplätzen in der Natur, am Meer oder in den Bergen, auf blühenden Wiesen oder an romantischen Seen.

6. Delfin des Träumens – Wasser

Deine Träume von einer echten Seelenpartnerschaft können sich erfüllen. Wer möchte nicht gern einen wirklichen Freund an seiner Seite wissen, mit dem man sich jederzeit offen austauschen kann, dem man seine Sorgen mitteilen und von dem man uneigennützig Aufmunterung, Hilfe und Rat erhält? Dieser Traum wird wahr, wenn du keine unerfüllbaren Idealvorstellungen hegst.

Partnerschaft: Ein Seelenpartner muss nicht unbedingt der Intimpartner, sondern kann auch der Freund oder ein Familienmitglied sein. Spüre, wo dieselbe Wellenlänge ist.

Beruf: Du suchst nach einem verlässlichen Partner, mit dem du Träume spinnen und verwirklichen kannst. Sei offen für den Austausch, wenn er bzw. sie bald auftaucht.

Spiritualität: Du triffst einen echten Freund auf dem Pilgerweg durch dieses Leben oder einen kompetenten geistigen Begleiter (bzw. Begleiterin).

7. Delfin des Träumens – Erde

Es dauert noch etwas, bleib geduldig und halte deinen Traum weiter fest. Halte an deinen Träumen auch dann fest, wenn sie nicht auf den ersten Schlag realisiert werden können. Es ist ganz normal, dass sich nicht alles umsetzen lässt, was wir uns in bunten Farben ausmalen. Aber sei dir selbst so viel wert, dass du deine Träume jetzt nicht einfach mutlos aufgibst.

Partnerschaft: Welche Träume hast du gehabt, welche Form von Partnerschaft liegt dir wirklich am Herzen? Was möchtest du wirklich? Gib nicht zu früh auf!

Beruf: Erfolg im Beruf ist vor allem ein Ergebnis von beharrlicher Geduld – und von der Pflege nicht nur der eigenen Visionen und Gefühle, sondern auch jener der Kollegen und Partner.

Spiritualität: Gerade auf dem Weg der Bewusstseinsentwicklung, z.B. durch Transformationsarbeit an der Persönlichkeit und durch Meditation, braucht es viel Geduld.

8. Delfin des Träumens – Feuer

Vertraue den kraftvollen Impulsen, und verliere dein Ziel jetzt nicht aus den Augen. Ohne Dynamik bleiben Träume nur Träume. Welche Möglichkeiten hast du, Energien zu aktivieren und deinen Träumen eine klare Richtung zu geben? Überwinde den »inneren Schweinehund«, oder, wenn das nicht funktioniert, mach etwas ganz Ungewohntes, um eine Lethargie zu überwinden.

Partnerschaft: Gib deinem Partner, gib der Beziehung und gib dir selbst mehr Energie. Träume müssen nicht immer nur duftig-wolkig sein, sie dürfen ruhig auch sprühend-feurig sein.

Beruf: Stärke deine inneren Antriebskräfte, und nimm auch solche Chancen wahr, die ganz überraschend kommen oder auf den ersten Blick nicht deinem Traum zu entsprechen scheinen.

Spiritualität: Lass dich nicht hängen, wenn du Stillstand spürst. Gerade, wenn es mal nicht mehr so vorwärts geht, brauchst du neue Impulse und musst du neue Kräfte mobilisieren.

9. Delfin des Träumens – Luft

Entfalte deine Träume, indem du dich mit anderen darüber austauschst. Obwohl Worte manchmal nur als »Schall und Rauch« gelten: Wenn du deinen Träumen die Formen von Worten gibst, werden sie dir selbst deutlicher. Und du merkst schon an den ersten Reaktionen von anderen darauf, welche Aspekte deiner Träume sich in der äußeren Wirklichkeit am besten verwirklichen lassen.

Partnerschaft: Was sind die schönsten Erlebnisse mit deinem Partner bisher? Was sind die größten noch nicht erfüllten Träume? Wollt ihr nicht alte Träume wieder neu aufleben lassen?

Beruf: Lege einmal im Monat, einmal im Quartal oder mindestens einmal im Jahr einen Traum- und Visionstag ein, an dem du mit Kollegen über das sprichst, was ihr wirklich wollt.

Spiritualität: Kennst du eigentlich die geistigen Träume deiner Freunde? Sprichst du mit ihnen über das, was dem Leben einen tieferen Sinn gibt?

10. Delfin des Träumens – Äther

Folge deinem höchsten Traum: Strebe nach dem inneren Licht. Es gibt Träume für Körper, Geist und Seele, Träume auch von der Integration des ganzen Menschen. Der höchste Traum richtet sich auf Seligkeit und ewiges Leben, auf Seelenbewusstsein und kosmisches Bewusstsein. Das innere Licht kann uns zeigen, wie dieser Traum erfüllt wird.

Partnerschaft: In jedem Menschen wirkt das schöpferische Prinzip, auch in unserem Partner, auch, wenn er oder sie gerade völlig anderer Meinung ist als wir selbst.

Beruf: Erfolg ist nicht alles, und Erfüllung ist nicht nur die »Sahnehaube«, sondern in Wahrheit sogar das Fundament dafür. Also strebe zuerst nach Erfüllung in deiner Arbeit.

Spiritualität: Meditiere. Wenn du das bisher noch nicht tust, dann erforsche, welcher Meditationsweg, welche Methode und welche/r Lehrer/in dir am meisten entspricht.

Delfin des Ausgleichs

Ein Delfin allein unter Wasser: Der Frieden des Alltags; Normalität, die ruhige Erfüllung bedeutet; Einheit von Leben und Sinn. Du bist in einer Umgebung, die dir vertraut ist. Du kennst den Rhythmus des gegenwärtigen Abschnitts deines Lebens und du weißt, dass du die Aufgaben spielerisch erfüllen kannst. Es macht dir nichts aus, auf dich selbst gestellt zu sein, allein zu sein, weil du spürst: Du bist mit allem eins, wo du gerade bist.

Hast du das Gefühl, dass diese Beschreibung gar nicht dich selbst kennzeichnet, sondern bestenfalls deinen Wunsch, wie du gern sein würdest? All das jedoch – Ruhe, Ausgleich, Harmonie, ein erfüllter

Alltag – ist uns bereits als Potenzial in unsere Wiege gelegt. Es besteht bereits – vielleicht noch tief in unserem Inneren verborgen und noch ungelebt. Aber wir sollten nicht darauf warten, dass es von außen kommt, sondern es in uns als Teil unseres eigenen Wesens entdecken. Von außen kommen meist nur Ablenkung, Verführung oder Widerstand. Die Welt will meist nur etwas von uns haben oder uns verwirren, uns aber selten etwas geben. Was wir möchten oder brauchen, müssen wir uns selbst schenken bzw. uns von der kosmischen Kraft in uns schenken lassen.

11. Delfin des Ausgleichs – Wasser

Finde Harmonie zuerst in dir selbst – dann gelangt sie auch in die Partnerschaft. Die Welt ist unser Spiegel. Unsere Beziehungen spiegeln das, was in uns selbst ist. Was wir ausstrahlen und geben, werden wir nach dem Gesetz der kosmischen Resonanz auch um uns herum finden.

Partnerschaft: Soll er bzw. sie mich »glücklich machen«? Soll er oder sie mir etwas geben, was ich selbst nicht habe oder nicht geben möchte? Und wie viel bringe ich ein?

Beruf: Lass dich nicht durch Bemerkungen von Kollegen oder unverständliche Verhaltensweisen in deinen Gefühlen über deine eigene Arbeit irritieren. Bleib ruhig!

Spiritualität: Wenn du dich nicht (mehr) richtig wohl fühlst in Bezug auf deinen geistigen Weg, darfst du ruhig etwas anderes machen. Spüre, was dich auch spirituell freut.

12. Delfin des Ausgleichs – Erde

Kümmere dich um dein Wohlergehen: Das ist notwendig und ganz in Ordnung. Jetzt bist du wichtig, in dieser Zeit solltest du selbst ganz im Mittelpunkt stehen. Was kannst du für deine Gesundheit tun, was tut dir gut, was freut dich? Gepflegt essen gehen, einen Kurzurlaub einlegen, die Seele baumeln lassen?

Partnerschaft: Nimm mit deinem Partner eine Auszeit vom Alltag, geht ins Kino oder fahrt in ein Wellness-Zentrum, und lasst es euch richtig wohl ergehen!

Beruf: Schau erst einmal zu, dass du deinen Arbeitsbereich ruhig, solide und produktiv im Griff hast, bevor du andere um Hilfe bittest oder Kollegen gute Ratschläge gibst.

Spiritualität: Finde Zeit und Ort, unabhängig von Vorlieben und Abneigungen deiner Umwelt, um deine geistigen Interessen zu pflegen. Regelmäßigkeit gehört dazu.

13. Delfin des Ausgleichs – Feuer

Im Alltag findet die einzige Prüfung statt, ob du dich wirklich verändert hast. Nur im Alltag beweist sich geistiger Fortschritt wirklich – ob das, was man in Momenten des Lichtes erlebt, auch wirkungsvoll in das Leben integriert worden ist. Freude innen sollte zur Kraft außen werden.

Partnerschaft: Ausgleich muss nichts Passives sein; oft ist Abwarten einfach nicht genug. Du kannst Harmonie und Erfüllung aktiv und kraftvoll entwickeln und fördern.

Beruf: Sorge dafür, dass du nur mit deiner Ausstrahlung wirkst, indem du selbst intensiver und phantasievoller arbeitest und Freude zum Antriebsmotiv machst.

Spiritualität: Achte darauf, dass du aktive und passive Übungen miteinander verbindest, dass du Körper, Geist und Seele Nahrung gibst, die nach außen und innen wirken.

14. Delfin des Ausgleichs – Luft

Weißt du, was du willst? Erst dann kann man gut mit anderen kommunizieren! Oder spürst du, dass du vieles gleichzeitig möchtest und einfach im Moment nicht weißt, wie das alles unter einen Hut zu bringen ist? Sortiere deine Gedanken und Wünsche, schreibe sie auf, setze Prioritäten.

Partnerschaft: Ist dir das Allein-Sein wichtiger als das Zusammenleben? Sind die Gefühle wichtiger als gemeinsame Unternehmungen, Familie oder Freundschaft?

Beruf: Entscheide dich für nicht mehr als maximal drei Ziele, die du in der nächsten Zeit anstreben wirst. Mach dir einen konkreten Plan, wie du sie Schritt für Schritt anstrebst.

Spiritualität: Nimm dir ein einziges Buch vor, und nur ein einziges Kapitel, das du systematisch durcharbeitest. Oder entscheide dich in nächster Zeit für eine einzige Übung.

15. Delfin des Ausgleichs – Äther

Versuche, die Balance zu halten zwischen Körper und Geist, Leben und Ideal. Rückzug ist keine Alternative, um dein Leben ins Gleichgewicht zu bringen. Meister Eckehart: Sei in der Welt, aber nicht von der Welt. Wir sollen in der Welt leben, uns aber nicht von ihr beeindrucken lassen.

Partnerschaft: Am Ende bildet das, was am unsichtbarsten ist, das stabilste Fundament für eine Partnerschaft. Das ist die geistig-seelische Verbundenheit, nicht Geld oder Sex.

Beruf: Es muss einen Sinn in jeder Tätigkeit geben – und diesen Sinn muss man wenigstens ab und zu deutlich spüren. Entdecke also diesen Sinn und lass ihn aufleben.

Spiritualität: Tauche in die abgründigsten Tiefen deiner inneren Bilder, und blicke gleichzeitig in die erhabensten Höhen der Sehnsucht deiner Seele. Vertraue der Führung.

Delfin des Schutzes

Delfinmutter und Delfinbaby unter Wasser: Hier steht die Aufgabe, sich um ein anderes Lebewesen zu kümmern, im Vordergrund. Umsorgen, Nähren, Schützen sind weitere Stichworte. Der Begriff »Schützen« stammt aus dem altdeutschen Wort für »schütten«. Man hatte Erdwälle aufgeschüttet, um Siedlungen gegen Feinde zu beschützen. Ein Schutzwall für sich selbst und andere kann äußerlicher oder innerlicher Art sein. Nahrung, Kleidung, eine Spende für eine Hilfsorganisation, die keine Verwaltungskosten verschwendet (z.B. Bauern helfen Bauern in Österreich, Life Forum in Deutschland, Darshan Akademie in der Schweiz) oder ein freundliches Wort, ein ausführliches Gespräch, ein Krankenbesuch, ein Spaziergang mit einem Familienmitglied oder der Besuch bei einem älteren Nachbarn könnten hierher gehören. Jetzt bist du gefordert, dich um andere Menschen zu kümmern, sie zu umsorgen oder ihnen auf irgendeine Weise zu helfen. Oder es ist eine Zeit, in der du selbst mehr Schutz brauchst, mehr Pflege, vielleicht auch mehr Selbstschutz, Abgrenzung, Zeit für dich und die wenigen lieben Menschen, die dir am Herzen liegen und die dich vorbehaltlos stützen oder einfach so sein lassen, wie du bist oder wie du gerade willst.

16. Delfin des Schutzes – Wasser

Achte auf die Gefühle der Menschen, und schütze und pflege sie wie deine eigenen. Menschen fühlen sich leicht verletzt durch das, was andere sagen, nicht so sehr durch das, was andere tun. Verletzte Gefühle kann man leicht vermeiden, indem man lieber nichts als das Falsche sagt.

Partnerschaft: Nimm deine Partnerin bzw. deinen Partner öffentlich immer in Schutz; stell dich hinter sie oder ihn, wenn er angegriffen oder angezweifelt wird.

Beruf: Frage lieber noch einmal ganz genau und direkt nach, ob das, was dich oder andere ärgert, wirklich so ausgesprochen und gemeint wurde, wie man munkelt.

Spiritualität: Lege dir selbst offen Rechenschaft darüber ab, wo du geistig stehst, ob du einem Weg folgst oder dir eine Methode auferlegst, die dir (noch) nicht (mehr) recht ist.

17. Delfin des Schutzes – Erde

Ein Mensch braucht gerade jetzt deine Hilfe: Schenke sie ihm einfach so. Das muss nicht in Afrika oder Südamerika oder Asien sein, sondern gleich hier, in der unmittelbaren Umgebung, in der Familie, in der Nachbarschaft, im Verein. Wenn du mit offenen Herzen lebst, spürst du, wo das ist.

Partnerschaft: Bereite deiner Partnerin bzw. deinem Partner heute oder morgen einfach eine kleine Überraschung, ohne lange zu fragen – eine Massage, eine Teestunde …

Beruf: Braucht jemand unter deinen Kollegen einen Rat oder eine Unterstützung für die Arbeit? Geh auf ihn oder sie zu, und biete ihm/ihr deine Hilfe unaufgefordert an!

Spiritualität: Vielleicht brauchst du selbst neue Orientierung oder eine Aufmunterung, auf dem Weg der Transformation weiter voranzuschreiten. Bitte oder bete darum.

18. Delfin des Schutzes – Feuer

Verwandle deine Hilfe vom »Almosen« zur Förderung der Selbstverantwortung. Denke daran, dass oft wichtiger als jede materielle Unterstützung die Anteilnahme ist, die du einem Menschen schenkst. Lass ihn fühlen, dass du deine Energie, dein »Herzensfeuer« mit ihm teilst.

Partnerschaft: Jeder trägt in etwa die Hälfte zu einer Beziehung bei. Natürlich kann man Lasten auch übernehmen – aber nicht alle und nicht ständig.

Beruf: Trage deinen Teil dazu bei, dass Aufgaben klar vergeben werden – zusammen mit der Kompetenz, die jeweiligen Entscheidungen selbstständig zu treffen.

Spiritualität: Warte nicht darauf, dass dir jemand die Arbeit, geistig voranzukommen oder Verantwortung für Entscheidungen, abnehmen wird. Es kommt nur auf dich an!

19. Delfin des Schutzes – Luft

Kommuniziere noch besser, um andere Menschen zu ermutigen und zu fördern. Oder bitte die Menschen in deiner Umgebung, sich klarer auszudrücken, um Missverständnisse zu vermeiden oder zu klären. Nicht nur du, sondern auch sie haben eine Verantwortung dafür.

Partnerschaft: Welches Buch, Spiel oder welche Musik würde deine/n Partner/in als Überraschung freuen? Schenk ihm oder ihr dann vor allem gemeinsame Zeit damit.

Beruf: Halte mit deinen Plänen oder deinen Fragen nicht hinter dem Berg, sondern teile sie Kollegen, vor allem aber Vorgesetzten und Untergebenen rechtzeitig mit.

Spiritualität: Grenze dich besser ab, falls deine Umwelt mit deinem Weg nichts anfangen kann oder sogar dagegen redet. Du hast Recht auf Freiraum und Freizeit dafür.

20. Delfin des Schutzes – Äther

Auf deine inneren bzw. geistigen Werte kommt es an, wenn du Verantwortung für andere hast. Wir müssen nicht gar so sehr versuchen, »heilig« zu werden. Das erwartet weder die Umwelt noch unser Schöpfer. Wir sollen und können jedoch ganz wir selbst, ganz authentisch werden.

Partnerschaft: Sei du selbst, und erlaube dem Partner, auch ganz er selbst zu sein. Eigenarten und Gewohnheiten gehören dazu, auch wenn sie manchmal stören.

Beruf: Die Geschäfts- und Arbeitsethik ist wichtiger als der zertifizierte ISO-Industriestandard. Dein Erfolg beruht vor allem auf den Werten deiner Persönlichkeit.

Spiritualität: Willst du übersinnliche Erfahrungen oder magische Kräfte, oder strebst du nach Selbsterkenntnis und Sinnerfüllung? Deine Motive bestimmen deine Richtung!

Delfin der Gruppe

Eine Delfinfamilie unter Wasser: Die Freude der Familie oder in der Gruppe wird erfahren; ein Miteinander, das keinem hintergründigen eigennützigen Zweck dient. Das können spielerische Zeiten sein, ohne bestimmte Ziele zu verfolgen; vielleicht ein fröhlicher Austausch in Sport und Freizeit, Urlaubsbekanntschaften, Volkshochschulkurse, auch Führungen durch Museen oder ähnliche Gelegenheiten, bei denen Menschen in kleineren Gruppen etwas gemeinsam erleben.

Eine Begegnung mit der Vielfalt von Menschen und Kulturen, von Interessen und Fähigkeiten kann sich entfalten, ohne dass damit Konkurrenzverhalten oder eigensüchtige Motive verbunden sind.

Wenn du eine dieser fünf Karten ziehst, ist das Thema Gruppe für dich wichtig oder wird es in naher Zukunft sein. Welche Einstellung hast du zu Gruppen? Kannst du ganz entspannt sein und mittun, ohne Hintergedanken teilnehmen und ohne zu denken, ob du »wichtige« Beziehungen knüpfen oder dich mit Namen von bekannten oder einflussreichen Zeitgenossen schmücken könntest? Nimm diese Zeit als eine Chance, loszulassen, Spaß zu haben und dein inneres Kind zweckfrei spielen zu lassen.

21. Delfin der Gruppe – Wasser

Pflege freundschaftliche Beziehungen zu vielen; kapsle dich nicht von der Umwelt ab. Körpersprache, die zwischen Menschen schwingt, ist wichtiger als Worte. Gefühle sind wirksamer als Gedanken, Erwartungen haben mehr Folgen als Meinungen, die man von anderen hört.

Partnerschaft: Besucht einen Singkreis zusammen, nehmt an einer Yogagruppe teil, macht bei einem Wanderverein mit: Lasst eure Energien in einer Gruppe fließen.

Beruf: Sprich gerade in diesen Tagen mehr mit den Kollegen, vermeide Alleingänge. Finde heraus, was noch getan werden kann, dass sich die anderen wohl fühlen.

Spiritualität: Wenn du das Gefühl hast, dass eine spirituelle Gruppe eine Dynamik oder Dogmatik entwickelt, die du nicht möchtest, dann halte mehr Abstand zu ihr.

22. Delfin der Gruppe – Erde

Wenn alle Menschen Nutzen haben, wird der Erfolg nicht ausbleiben und selbst auch von Dauer sein. Ein Haus wird meistens nicht von einem einzigen Menschen gebaut. Ein Film wird von einem großen Team gedreht. Auch das Leben hängt zum Großteil von Gruppen ab.

Partnerschaft: Was bereichert eure Beziehung über die Zweisamkeit hinaus? Familie, Freunde, gemeinsame Vereinsinteressen? Kapselt euch nicht zu sehr ab.

Beruf: Die beste Motivation für Menschen ist nicht Geld, sondern Anerkennung, nicht Verdienst, sondern Erfüllung. Sorge dafür, dass ihr zusammen schöpferisch tätig seid.

Spiritualität: Äußere Rituale sind sichtbare Spiegelungen innerer Mysterien. Rituale in Gruppen weisen auf die Verbundenheit aller Menschen im Geiste hin.

23. Delfin der Gruppe – Feuer

Setze dich ein für ein größeres Ganzes; so wirst du noch mehr Erfüllung finden. Energie will fließen, kreative Impulse drängen auf Verwirklichung. Welche Rolle kannst du in einer Gruppe deiner Wahl spielen, um kraftvoll Neues auf den Weg zu bringen und zum Wohle aller zu gestalten?

Partnerschaft: Wollt ihr euch als »Tandem« mit eurem »Feuer« in einer Gruppe einbringen? Das wäre eine gute Möglichkeit, eure Partnerschaft zu beleben.

Beruf: Du darfst gute Ideen, wie es in der Arbeit vorangehen könnte, jetzt ruhig kraftvoll vortragen und dich dafür mit Begeisterung und Energie einsetzen.

Spiritualität: Ohne Fleiß kein Preis, weiß das bekannte Sprichwort. Ohne energischen Einsatz kein Erfolg, ohne Begeisterung auch kein spiritueller Fortschritt.

24. Delfin der Gruppe – Luft

Ist es wahr, hilfreich und freundlich, was ich mit und über andere spreche? Wie läuft die Kommunikation in den Gruppen, in denen ich aktiv bin? Offen oder versteckt, vertrauensvoll oder misstrauisch? Sagen die Menschen, was sie denken, oder vermeiden sie klare Worte?

Partnerschaft: Es ist an der Zeit, in der größeren Familie bzw. im Freundeskreis offene Worte zu finden, die von Herzen kommen. Dann werden sie auch nicht verletzen.

Beruf: Richtet einen Jour fixe ein, vielleicht einmal im Quartal, an dem Tacheles geredet werden darf. Das klärt die Atmosphäre und bringt ungeahnte Themen auf.

Spiritualität: Hast du schon die Klarheit, vor allem dir selbst gegenüber, aber auch mit anderen, deinen geistigen Weg relativ objektiv zu sehen – seine Stärken und Schwächen?

25. Delfin der Gruppe – Äther

Pass auf: Dein Bewusst-Sein wirkt sich auf die ganze Umgebung aus. Dem Gesetz der Resonanz zufolge, ziehen wir an, was in uns selbst ist und, wenn auch unsichtbar, nach außen schwingt. In der Körpersprache, im Tonfall, in unseren geheimen Wünschen und Erwartungen.

Partnerschaft: Welche Menschen sind um euch? Welche »Botschaften« sendet ihr mit eurer Weise, persönliche Beziehung zu leben? Ihr könnt das selbst bestimmen!

Beruf: Gibt es unausgesprochene berufliche Hoffnungen – Erwartungen auf Karrieresprung oder Gehaltserhöhung –, die dir beim Umgang im Alltag unbewusst im Wege stehen?

Spiritualität: Welches spirituelle Gruppenbewusstsein existiert in deinem Kreis? Was kannst du beitragen, um es zu erhöhen? Oder bildest du besser einen eigenen Kreis?

Delfin des Neubeginns

Ein Delfin springt vor einer Insel aus dem Wasser: Aufbruch, ein neuer Zyklus beginnt nun tatsächlich; Entscheidung und kraftvoller Einsatz für einen neuen Abschnitt. Delfinen gelingt es, wie mühelos aus ihrem Lebensraum Wasser heraufzuschnellen und die Schwerkraft kurzzeitig zu überwinden. Elegant erheben sie sich und werfen einen Blick auf einen viel größeren Horizont. Trotz aller Leichtigkeit steckt viel Kraft dahinter bzw. ein gut umgesetzter Schwung von Energien.

Um aus dem Alltag herauszukommen, braucht es fast immer eine besondere Anstrengung. Oder eine große Sehnsucht! Du stehst kurz davor, einen wichtigen Sprung vorwärts bzw. nach oben zu tun. Du hast die Kraft dazu. Nun musst du dich konzentrieren und deine Kräfte auf das angestrebte Ziel richten. Je entspannter, lockerer, anstrengungsloser du das machst, desto mehr Erfolg wirst du haben. Denk an die Delfine. Spüre, wie sie entschieden und gleichzeitig gelöst aus dem Wasser nach oben springen, in den lichten Himmel, einer neuen Lebenssicht entgegen. Jetzt ist die Zeit für einen grundsätzlichen Neubeginn in einem wesentlichen Lebensbereich gekommen.

26. Delfin des Neubeginns – Wasser

Du entwickelst ganz neue Gefühle, vermutlich in einer neuen Beziehung. Begegnung mit einem Menschen, der dein Herz berührt und deine Gefühle auf dir bisher ganz ungeahnte Weise fließen lässt. Öffne dich für das Neue, auch wenn es dich überrascht.

Partnerschaft: Es kann sich um eine Beziehung zu einem Menschen handeln, den du vorher nicht gekannt hast – oder um eine völlig neue Wendung in der bisherigen Beziehung.

Beruf: Versuche, zu Menschen in deinem beruflichen Umfeld neue Gefühle zu entwickeln und Beziehungen aufzubauen, in denen auch die Gefühle eine Rolle spielen.

Spiritualität: Achte darauf, wie du dich auf deinem Weg fühlst, wie du Rituale, Meditationen oder andere spirituelle Elemente empfindest. Folge jetzt deinen Gefühlen.

27. Delfin des Neubeginns – Erde

Ein neues Vorhaben kann gelingen; setze beharrlich deine Kraft dafür ein. Nicht mehr träumen und hoffen, sondern handeln und gestalten ist das Gebot der Stunde. Um einen ehrgeizigen neuen Plan zu verwirklichen, musst du auch die entsprechenden Mittel an Zeit und Geld investieren.

Partnerschaft: Es kann um eine neue Wohnung gehen, neue Möbel, den Ausbau eines Hobbyraums oder ein anderes gemeinsames Projekt: Packt es an!

Beruf: Schreibe dir die notwendigen Schritte auf, setze Zeitpunkte fest, schaufele die notwendige Zeit und das entsprechende Geld frei und fang ohne zu fragen an.

Spiritualität: Schreib dich ein für einen Kurs – oder gib selbst einen; probiere einen neuen Weg aus, oder geh zu einem dir bislang unbekannten Lehrer. Setze Zeit ein!

28. Delfin des Neubeginns – Feuer

Begib dich auf die lang geplante Reise – ganz gleich, ob sie außen oder innen stattfindet. Um einen Neubeginn zu erreichen, muss man sich nicht nur gründlich vorbereiten, sondern eines Tages auch wirklich die ersten Schritte tun. Das verlangt Energie, Einsatz, Entschlossenheit, Kraft.

Partnerschaft: Was habt ihr schon lange ersehnt, aber euch nicht getraut, in Angriff zu nehmen? Nutzt die Gunst der Stunde, nutzt das Feuer des Herzens, um es zu tun.

Beruf: Bei allen neuen Vorhaben, die man nicht ganz allein unternimmt, muss man die Mitstreiter/innen begeistern. Gib diesem Bedürfnis der anderen genügend Energie.

Spiritualität: Am besten wäre es jetzt, einige Zeit in die Ferne zu reisen, vielleicht sogar nach Übersee. Verschaffe dir neue Eindrücke, neue Impulse, neue Visionen.

29. Delfin des Neubeginns – Luft

Warte nicht, bis der/die andere/n reden: Es liegt an dir, den ersten Schritt zu machen. Wenn du eine Idee hast und spürst, dass sie wichtig und wertvoll ist, hab nun auch den Mut, darüber zu sprechen, Rückmeldungen anzuhören und dann deiner Intuition zu folgen.

Partnerschaft: Wenn du jemanden kennen lernen möchtest, mach den ersten Schritt: Rufe ihn oder sie an, schick einen Gruß, notfalls auch eine E-Mail.

Beruf: Stelle deine Ideen klar und ruhig auch mit Begeisterung vor, aber ohne »Missionierungsversuch«. Wenn andere sie dann unterstützen, führen sie zum Erfolg.

Spiritualität: Spüre in subtile Ahnungen und die spirituellen Botschaften deiner Träume. Sieh, wie sich im bunten Schmetterlingsflug dieser Impulse eine Wahrheit enthüllt.

30. Delfin des Neubeginns – Äther

Trägheit ist ein »Feind« von Selbstverwirklichung: Überwinde dich jeden Tag wieder neu. Die Motivation dafür kommt im Regelfall aus einer höheren, geistigen Ebene, eben einer »ätherischen« Region des reinen Bewusstseins. Dafür müssen wir uns immer wieder aufs Neue aktiv öffnen.

Partnerschaft: Was verbindet dich mit deinem Partner – über Eros und Interessen, über Bequemlichkeit und Gewöhnung hinaus? Das solltet ihr jetzt neu erkunden.

Beruf: Die Karte fordert dich auf, in Räumen jenseits des Alltagsbewusstseins nach neuen Ideen und Zielen zu suchen – im kollektiven Unterbewussten, in der Meditation.

Spiritualität: Überwinde deine Trägheit – das sollte aber nicht zu einem Zwang werden, der die Lebensfreude erstickt. Dann ist es besser, dich eine Zeit am Nichtstun zu erfreuen.

Delfin der Freude

Eine Gruppe von Delfinen springt aus dem Wasser: Eine Aufforderung an alle, gemeinsam Lebensfreude zu erfahren; das eigene Beispiel soll andere ermuntern, das Leben spielerischer zu sehen. Es ist bekannt, wie Delfine aus rein spielerischer Freude vor Booten und sogar großen Schiffen einher schwimmen und immer wieder hervorspringen, eintauchen und erneut aus dem Wasser schnellen.

Diese Gruppe von fünf Karten des Delfins der Freude will uns ermuntern, der Lebensfreude wieder viel mehr Raum zu geben. Wenn wir eine dieser Karten ziehen, ist es höchste Zeit, dass wir unserem Spieltrieb mehr freie Bahn lassen, dass unser inneres

Kind über das Leben wieder staunen darf, dass wir wieder fröhlich eintauchen in Hobbys oder Ausflüge, Kinobesuch oder Disco usw. – ohne gleich Nutzen oder Konsequenzen zu bedenken.

Was stimmt uns fröhlich, was macht uns Spaß? Woran finden wir selbst Freude – und womit könnten wir anderen Menschen eine kleine oder große Freude bereiten? Haben wir unsere Lebenslust im Alltag, in den Pflichten und der Hektik zu sehr erstickt, so dass es uns jetzt schwer fällt, unvermittelt Freude zu entwickeln? Umso mehr ist es höchste Zeit, der Lebenslust ihr Recht zu geben!

31. Delfin der Freude – Wasser

Die Leichtigkeit des Lebens: Gib beschwingten Gefühlen wieder ihren Raum. Wie soll man das schaffen, wenn man gerade ziemlich niedergeschlagen ist? Gönne dir ein wunderbares Schmankerl, besorge dir ein Büchlein oder eine CD, mach dir selbst ein Geschenk.

Partnerschaft: Wann seid ihr zum letzten Mal tanzen gegangen? Wann hast du das letzte Mal eine Massage gegeben, Blumen mitgebracht oder ein Duftöl?

Beruf: Versuche einen Betriebsausflug oder eine Betriebsfeier zu organisieren – ganz ohne Grund und Anlass, außerhalb der üblichen Anlässe.

Spiritualität: »Der Erleuchtung ist es egal, wie du sie erlangst«, hieß ein Buch vor einigen Jahren. Lass los und sorge dich nicht so sehr um deinen Fortschritt.

32. Delfin der Freude – Erde

Genieße die schönen Seiten des Lebens: Das ist jetzt ganz okay, also gönn es dir! Manche nehmen sich vor, dass sie jeden Tag mindestens eine wunderbare Sache erleben wollen – probiere es mal mit drei Dingen!

Partnerschaft: Koche etwas Schönes für deine Partnerin bzw. deinen Partner; fahrt zur Übernachtung in ein romantisches Landgasthaus und feiert ein Fest der Freude.

Beruf: Schau zu, dass du an jedem der nächsten fünf Arbeitstage eine besonders positive Seite deiner Arbeit siehst und wirklich auskostest.

Spiritualität: Was kannst du in dieser Woche anderen Menschen an Aufmerksamkeit schenken und an geistiger Hilfestellung anbieten, damit sie mehr Freude haben?

33. Delfin der Freude – Feuer

Wenn andere niedergeschlagen sind: Steck deine Umwelt mit deiner Lebensfreude an. Das kann durchaus eine ziemlich große Anstrengung bedeuten und dir vielleicht sogar irgendwie »künstlich« vorkommen. Aber besser durch Energie zu etwas mehr Freude beitragen als nichts zu tun.

Partnerschaft: Wenn dein/e Partner/in Kummer hat und du gerade selbst auch Sorgen spürst, probiere trotzdem, ihn bzw. sie aufzumuntern und positive Energie zu verbreiten.

Beruf: Irgendetwas Gutes gibt es in allen Situationen; das Glas ist meist halbvoll, nicht halbleer. Und sogar Probleme sind meistens der Treibsatz für positive Entwicklungen.

Spiritualität: »Wo zwei oder drei in meinem Namen zusammen sind, da bin ich mitten unter euch«, sagte Jesus. Triff Gleichgesinnte, um geistige Freude zu erleben.

34. Delfin der Freude – Luft

Mach mal wieder Pause: Leg ein Tratschtreffen mit Freunden ein, oder geh zum Tanzen. Oder lies erhebende Gedichte, die von der Freude künden. Stell dich auf positive Gedanken und Gespräche ein. Dadurch kannst du selbst eine erfreuliche Atmosphäre um dich herum schaffen.

Partnerschaft: Erinnere dich an schöne Situationen von früher, bevor du dich mit deinem Partner triffst. Dazu strahlst du automatisch gute Gedankenkräfte aus.

Beruf: Bitte bei Besprechungen darum, dass heute alle nur konstruktive Vorschläge machen und positive Ideen äußern, aber keinerlei Kritik. Du wirst erstaunt sein, was passiert!

Spiritualität: Lies lieber einen kurzen Absatz drei oder vier Male, und meditiere darüber, wie du ihn im Alltag verwirklichen kannst, als vielen Ideen gleichzeitig zu folgen.

35. Delfin der Freude – Äther

Irgendwann stellen wir fest, dass uns das Normale nicht mehr genügt. Wenn wir uns auf höhere geistige Schwingungen einstellen und eine Quelle von Freude finden wollen, die immer sprudelt, müssen wir anfangen, im Inneren zu suchen – durch stilles Gebet und Meditation.

Partnerschaft: Die größte und dauerhafteste Freude findest du nicht auf eurer körperlichen und noch nicht einmal auf der emotionalen Ebene, sondern auf der spirituellen.

Beruf: Die Arbeit bzw. der Betrieb braucht eine neue geistige Energie, ein quasi spirituelles Ziel, das über den Profit hinausgeht. Versuche dies zu finden.

Spiritualität: Nimm an einem Meditationskurs teil, denn in der Gruppe geht das meist leichter. Oder geh zu einer festlichen Messe, einem Orgelkonzert, einem Chorgesang.

Delfin der Liebe

Zwei Delfine in der Luft bilden eine Art Kreis: Zwei Lebewesen haben eine ganz besondere Beziehung zueinander; Yin- und Yang-Kräfte ergänzen und gleichen sich aus. Liebe bedeutet nicht, eins zu werden, sondern zwei zu bleiben, aber in inniger und intensiver Beziehung zueinander. Liebe kann ich von anderen Menschen nicht erwarten, sondern sie erst dann erwecken, wenn ich Liebe ausstrahle. Das wird nur möglich sein, wenn ich sie in mir selbst spüre. Das Bibelwort skizziert, wie sich Liebe entfaltet: »Liebe deinen Herrn, deinen Gott … Liebe deinen Nächsten wie dich selbst.« Zuerst kommt in uns Liebe zur Schöpferkraft auf – manche nennen das vielleicht nicht Gott, sondern Kosmos oder Natur. Dann nehme ich mich selbst so an, wie ich bin, und beginne meine Stärken und Schwächen, meine gelebte Wirklichkeit zu lieben, anstatt mich nur an zumeist ungelebten Idealen festzuklammern. Wenn ich die Schöpfung und die Kraft, die alles geschaffen hat, auch mich und mein Bewusstsein, zu lieben beginne, kann ich auch andere Menschen beginnen zu lieben. Da geht es dann nicht um gegenseitige Abhängigkeit oder um Symbiose, sondern um Austausch, Ergänzung, Beziehung und Verständnis.

36. Delfin der Liebe – Wasser

Entdecke im anderen die Ergänzung, und spüre Yin und Yang auch in dir selbst. Wir haben sowohl Animus wie Anima in uns, wir sind aus weiblichen und männlichen Anteilen gebildet, sind aktiv und passiv. Im Innersten sind wir bereits selbst das Tao, sind wir eins.

Partnerschaft: Aus der Mitte des Eins-Seins mit sich selbst gelingt Liebe leichter und umfassender. Warum dann Erwartungen hegen und unglücklich sein, wenn sie nicht erfüllt werden?

Beruf: Wie können wir die Arbeitsbeziehungen mit Kollegen so schöpferisch gestalten, dass wir uns austauschen und fördern, jedoch nicht festlegen und begrenzen?

Spiritualität: Machen wir unseren Verstand, unsere Gefühle, unser Gemüt und unser Herz zum Freund der Seele, die nach Höherem strebt. Nur miteinander gelingt etwas.

37. Delfin der Liebe – Erde

Eine stabile Beziehung entsteht, wenn beide geben und nehmen können. Das Geben kann nicht nur auf der materiellen oder mentalen Ebene stattfinden, durch Geschenke oder Worte, sondern vor allem auf emotionale Weise, durch die »Investition« von Gefühlen.

Partnerschaft: Höre in diesen Tagen mehr zu, was dein/e Partner/in sagt – und achte auch auf das, was er oder sie unausgesprochen vermitteln möchte.

Beruf: Sind die Arbeits- und Geschäftsbeziehungen ausgewogen? Stehen in etwa gleiche Werte gegenüber, die fair getauscht werden? Wenn nicht, ändere etwas daran!

Spiritualität: Nur weicher Ton kann zu einer Vase geformt werden. Der Mensch kann eine spirituelle Form nur finden, wenn die Persönlichkeit bereit ist, sich zu verändern.

38. Delfin der Liebe – Feuer

Auch in intimen Beziehungen gilt: Kräfte müssen in beide Richtungen fließen. Erotische Erfüllung braucht Energie, braucht Lust – und Einfühlung. Wie bringen wir beides in Einklang? Solche Höhepunkte kann man nicht tagtäglich erwarten, sie bleiben Ausnahmezustände.

Partnerschaft: Wie könnt ihr das spielerische Moment in der Beziehung stärken, nicht eure Erwartung oder gar »Leistung«? Lasst euch neu auf das ein, was Spaß macht!

Beruf: Gibt es im Umfeld Mitarbeiter, die innerlich schon gekündigt haben, die ohne Elan bei der Sache sind? Welches Feuer kannst du geben, um das zu ändern?

Spiritualität: Auf keinem geistigen Weg gibt es jeden Tag ein Erleuchtungserlebnis. Bleib gelöst und fröhlich auf deinem Weg, auch wenn sich eine Zeit lang nicht viel tut.

39. Delfin der Liebe – Luft

Kommunikation muss immer fließen – das kann verbal oder nonverbal sein. Wer zumacht, hat abgeschlossen. Wer sich nicht mehr von Herz zu Herz austauschen kann (oder will), hat die Beziehung beendet oder fühlt sich gezwungen, sie als hoffnungslos aufzugeben. Wo stehst du?

Partnerschaft: Eine wirksame kleine Übung besteht darin, dass beide aufschreiben: Was hat mich anfangs fasziniert, was stört mich jetzt, was hält uns weiter zusammen?

Beruf: Mach die ersten Schritte auf die anderen zu, mit aufrichtigen Worten. Wenn keine Resonanz zurückkommt, ist die Zeit für offene Worte einfach noch nicht reif.

Spiritualität: Jetzt geht es um mentale Klarheit über deinen geistigen Weg. Weißt du, was dein Ziel ist? Bist du sicher, dass dein Weg dich dorthin führen wird? Entscheide dich.

40. Delfin der Liebe – Äther

Ihr seid der Spiegel eurer Seelenaufgabe: Du entdeckst dich selbst im anderen. Wie du mit seinen bzw. ihren Schwächen oder Ecken und Kanten umgehst, wie du darauf reagierst – mit Humor oder ärgerlich, mit Verständnis oder Ablehnung –, das sagt etwas über deine Entwicklung aus.

Partnerschaft: Es ist wichtiger zu sehen, welche Qualitäten du in dir entwickeln kannst, als den Versuch zu machen, den Partner zu ändern. Fördere jetzt also deine Stärken.

Beruf: Irgendeiner muss immer damit anfangen, auf den anderen zuzugehen, die Hand auszustrecken. Übernimm du heute diesen Part – mit einem Lächeln im Gesicht.

Spiritualität: Frieden beginnt immer bei mir selbst. Seelenfrieden kann mir kein anderer geben. Ich muss ihn in mir, im ewigen göttlichen Wesen in mir entdecken.

Delfin der Beendigung

Ein Delfin platscht ins Wasser zurück: Das Auf und Ab des Lebens; Abschluss einer Lebensphase oder Vollendung eines Vorhabens. »Alles hat ein Ende, nur die Wurst hat zwei«, lautet ein bekannter Kalauer. Hinter diesem Spruch steckt mehr: Was wie ein Ende aussieht, ist gleichzeitig ein anderer Anfang, ein neuer Zugang zum nächsten Lebensabschnitt.

Wenn du eine dieser Karten legst, steht jetzt das Thema Beendigung eines Projekts, Abschluss eines Vorhabens, Vollendung einer Idee, auch Abschied von einem Menschen oder einer Situation an. Beim Turmspringen gibt es Punkte nicht nur für die gewagteste Sprungkombination, sondern auch für das eleganteste Eintauchen ins Wasser.

Jedem Ende wohnen Herausforderung und Zauber inne. Die Herausforderung, auch auf den letzten Metern das Beste zu geben und nach Sieg oder Niederlage in der Mitte zu bleiben, und der Zauber, dass dieses sichtbare Ende der unsichtbare Anfang von etwas ganz Neuem ist. Wenn es sich um eine schmerzliche Trennung handelt, die du durchlebst, versuche dennoch, in deiner Mitte zu bleiben und das Herz offen zu halten für dich selbst und den bisher Nächsten. Als Seele sind und bleiben wir immer in Liebe verbunden.

41. Delfin der Beendigung – Wasser

Jede Beziehung folgt einem Rhythmus: Lass los, was ohnehin losgelassen werden muss. Verändere aber auch, was eigentlich gar nicht zu Ende ist, sondern nur nach einer neuen Form verlangt. Mache die Entwicklungsschritte, die etwas Gutes einer neuen Zeit entsprechend verändern.

Partnerschaft: Auch wenn es jetzt einen Abschied oder eine Trennung in einer deiner Beziehungen gibt: Versuche dem Menschen vom Herzen her verbunden zu bleiben.

Beruf: Ein Projekt geht zu Ende: Finde ein neues lohnendes Ziel. Ein Wechsel von Wohnort oder Arbeitsstelle findet statt: Blick nicht zurück, sondern zuversichtlich nach vorn.

Spiritualität: Du hast ein Zwischenziel erreicht oder spürst, dass du einen neuen Weg einschlagen möchtest. Vertraue der Führung von oben, und folge deinem Herzen.

42. Delfin der Beendigung – Erde

Stelle ein Projekt jetzt fertig und versuche dabei nicht zu perfektionistisch zu sein. »Alles fließt«, sagt eine uralte griechische Weisheit. Formen verändern sich immer, auch Wohnung oder Arbeit können wechseln, und auch wir selbst, unsere Körper, lösen sich ja eines Tages auf.

Partnerschaft: Nimm endlich den lang geplanten Möbelkauf in Angriff, oder wechsle die Farben deiner Garderobe. Schiebe den längst geplanten Urlaub nicht länger auf, oder besorge endlich das kleine Geschenk.

Beruf: Hundertprozentig ist keine Arbeit; mit Einsatz und Aufwand erledigt man alles zu achtzig oder neunzig Prozent; der Rest wird oft zur Quälerei.

Spiritualität: Nimm dir keine neue Lektüre vor, bevor du nicht die angefangenen Bücher ausgelesen hast. Fang keinen neuen Kurs an, bevor du den alten verdaut hast.

43. Delfin der Beendigung – Feuer

Auch beim Abschluss einer Angelegenheit gilt: Lass deine Energie freundschaftlich bleiben. Was gut ist – Abschluss oder Fortführung, Ende von etwas Altem, Bekanntem oder Anfang von etwas Unbekanntem –, wissen wir meist erst mit gehörigem Abstand. Voreilige Schlüsse helfen nicht.

Partnerschaft: Wir haben selten den Adlerblick, meistens nur die Froschperspektive. Was für alle Beteiligten am besten ist, sehen wir nicht. Handle nach deinem Gefühl.

Beruf: Unentschlossenheit hilft nicht weiter, Abwarten auch nicht. Vertraue deiner Energie, deinen Impulsen. Erfolg ist, was einer mutigen Entscheidung folgt.

Spiritualität: Geh mit Verve in die letzte Runde in diesem Lebensabschnitt. Was du jetzt abschließt, hilft, Freiraum zu gewinnen für neue Entwicklungsmöglichkeiten.

44. Delfin der Beendigung – Luft

Schließe eine offene Aussprache ab – durch klare und liebevolle Kommunikation. Wir brauchen keine Sorge zu haben, dass aufrichtige Worte, die aus einem ruhigen Gemüt kommen, andere verletzen oder etwas zerstören, was nicht ohnehin kein Fundament mehr hat.

Partnerschaft: Wenn Worte nicht helfen oder einfach nicht mehr auftauchen, kann eine liebevolle Berührung, eine menschliche Geste über Schwellen hinweghelfen.

Beruf: Wenn etwas nicht richtig angefangen hat, ist es auch schwierig, es richtig zu beenden. Achte also vor allem darauf, welches Fundament du für deine Dinge legst.

Spiritualität: Denke, soweit das geht, Ziele und Methoden des Weges bis zum Ende durch, und prüfe, ob du ihn gehen willst. Ab dann und darüber hinaus bitte um Gnade.

45. Delfin der Beendigung – Äther

Der Weg zur Wahrheit und zum Licht endet nie: Es geht immer irgendwie weiter. Lass den Mut nicht fahren, und verzweifle nicht, wenn die Situation auch trübe aussieht. Du wirst überraschend Hilfe erfahren aus einer Richtung oder von einem Menschen, an die du bisher nicht gedacht hast.

Partnerschaft: Spüre in dein Herz und das deines Partners. Blicke ihn bzw. sie und dich mit dem Auge der Seele an: Du wirst sehen, dass ihr beide Glück sucht. Helft euch dabei.

Beruf: Welche Etappen auf deinem beruflichen Weg stehen als Nächstes an? Du wirst sie erst dann erfolgreich angehen können, wenn du Altes ordentlich abgeschlossen hast.

Spiritualität: Nach jeder Nacht kommt ein Tag, hinter jedem Horizont liegt ein Ausblick auf einen neuen Horizont. Die spirituelle Entfaltung bzw. Öffnung hört nie auf.

Delfin der Suche

Delfin vor Kokospalmeninsel: Die Suche nach »mehr«; ein Gespür für die Ganzheit aus Wasser und Erde, Feuer und Luft, und der Wunsch, das auch selbst zu erfahren. Immer wieder merken Menschen, dass ein innerer Impuls sie unruhig werden lässt – auch und gerade, wenn äußerlich alles »stimmt«. Die Familie ist gesund, der Beruf macht Freude, das Leben ist harmonisch, und trotzdem fehlt anscheinend etwas. Dann beginnen wir zu suchen, treffen interessante Menschen, stoßen auf wichtige Bücher, beschäftigen uns mit Themen, die über den Tellerrand des normalen Lebens hinausführen.

Den Drang zur Suche erleben oft auch Menschen, die sich in einer tiefen Krise befinden: Unfall oder Arbeitslosigkeit, Trennung oder Tod führen manche unter uns dazu, die »Schuld« nicht außen zu suchen, sondern sich entscheidende Lebensfragen zustellen. »Welchen Sinn hat das Leben?« – »Was soll ich aus der Situation lernen?« – »Welche Verantwortung trage ich dafür?« Fragen nach Schicksal oder Karma, Zufall oder freiem Willen tauchen auf, und eine glückliche Wendung im Leben hilft uns, sie nicht abzuschieben. Die Suche selbst – nicht etwa nur ein späteres Finden – hat eine heilende, transformierende Wirkung!

46. Delfin der Suche – Wasser

Es gibt Seelenpartner: Höre nicht auf zu suchen – außen und innen! Der Seelenpartner muss nicht der Lebenspartner sein oder der Mensch, mit dem wir eine intime Beziehung pflegen. Es kann Freund oder Freundin sein oder ein Familienmitglied – vielleicht auch ein geistiger Lehrer.

Partnerschaft: Lass dich auf eine noch intimere Beziehung ein. Versuche Vorbehalte zumindest zeitweise noch mehr loszulassen, um deinem Partner noch tiefer zu begegnen.

Beruf: Folge deinem Instinkt oder deiner Intuition, nicht deinem (ziemlich begrenzten) Verstand. Die meisten und größten Erfolge kann man rational nicht erklären.

Spiritualität: Was spürst du? Was fühlt dein Herz? Was sagt dein Bauch? Und was sagt deine innere Stimme? Höre auf all das mehr als auf deinen Kopf.

47. Delfin der Suche – Erde

Das Ziel bestimmt den Einsatz: Wer viel will, muss auch viel und lange dafür arbeiten. Wer sich nicht so stark einsetzen möchte oder kann, sollte sich realistische Ziele setzen. Andernfalls sind wir ständig mit unserer vermeintlichen Unzulänglichkeit konfrontiert und werden verdrießlich.

Partnerschaft: Was wollt ihr beide wirklich? Welche Form von Beziehung tut euch mittel- und langfristig gut? Jetzt sind nicht Ideale gefragt, sondern ein reales Fundament.

Beruf: Auf die Dauer bist du erfüllter, wenn du dir erreichbare Ziele steckst und auf einem Weg gehst, der dir Schritt für Schritt Erfolgserlebnisse möglich macht.

Spiritualität: Versuche mit etwas Abstand zu betrachten: Was möchtest du wirklich, welchen Einsatz bist du bereit, tatsächlich zu geben. Integriere Entwicklungen in den Alltag.

48. Delfin der Suche – Feuer

Bereits die Suche ist Wandlung: Solange du auf dem Weg bist, lebst du wirklich. Jetzt kommt es nicht so sehr darauf an, was du findest oder schon verwirklichst, sondern dass du die Energie entfachst, weiter zu suchen, vorwärts zu gehen, das Feuer der Suche nicht zu ersticken.

Partnerschaft: Suche nach neuen Möglichkeiten, die bestehende Beziehung zu vertiefen oder zu entwickeln, bzw. suche andere Wege, neuen Menschen zu begegnen.

Beruf: In deinem Arbeitsumfeld gibt es eine Chance, die du noch nicht erkannt hast. Gib die Suche nicht vorschnell auf, gib deinem Herzensfeuer neue Nahrung.

Spiritualität: Es macht nichts, wenn du vielleicht noch nicht auf dem »endgültig richtigen« Weg bist oder noch nicht beim »höchsten Lehrer«: Suche weiter nach Wahrheit und Licht.

49. Delfin der Suche – Luft

Tausche dich mit kundigen Menschen aus, denn ihre Erfahrung kann dein Wissen werden. Die Suche kann manchmal stark abgekürzt und vereinfacht werden, wenn wir bereit sind, von anderen Menschen etwas zu lernen oder zu übernehmen. Nutzen wir vorhandene Erkenntnisse.

Partnerschaft: Wie oft nehmt ihr euch Zeit nur für euch, ohne Kinder, Freunde oder Kollegen? Wie oft geht ihr spazieren, nur um euch mal wieder richtig auszutauschen?

Beruf: Du wirst nur dann weiterkommen, wenn du fragst. Hab keine Sorge, dass du Respekt verlieren könntest. Nur, wer sucht, forscht und nachfragt, kommt ans Ziel.

Spiritualität: Auch hier gilt: Fragen kostet nichts. Wenn ein/ geistige/r Lehrer/in irgendwelche Fragen ablehnt oder lächerlich macht, ist er bzw. sie kein/e echte/r Lehrer/in!

50. Delfin der Suche – Äther

Achte auf einen versteckten Hinweis, wie du deine Seelenkraft besser nutzen kannst. Nicht immer werden uns die Schlüssel zu den vor uns liegenden geistigen Türen gebrauchsfertig in die Hände gegeben. Oft liegen sie dort verborgen, wo wir sie nicht erwarten und nicht suchen.

Partnerschaft: Was sind deine verborgenen Wünsche an die Beziehung? Was die der Partnerin bzw. des Partners? Sucht den Austausch, die Begegnung von Herz zu Herz!

Beruf: Ohne das Element der Erfüllung wird der Job stumpf. Erfüllung erwächst aus Kreativität, neuen Erkenntnissen oder echtem Dienst für andere Menschen.

Spiritualität: Ein Zitat in einem Buch, das Wort eines Freundes, ein Gedicht und vieles mehr kann den Schlüssel für den nächsten Schritt beinhalten. Bleibe aufmerksam.

Delfin der Einweihung

Delfin vor einem schneebedeckten Berg: Hier ist das Thema der Verheißung von Erfüllung und jene Transformation angesprochen, die durch eine Einweihung geschieht. Das Geschöpf kennt die Tiefen des Meeres und hat auch bereits schon die Höhen der Gipfel gesehen. Der nächste Entwicklungsschritt besteht nun darin, sich über die Gebundenheit an den blauen Planeten zu erheben, die Grenzen der Existenz in Raum und Zeit zu überwinden. Das kann sich für einen Menschen jedoch erst dann ereignen, wenn er bzw. sie in sich das entdeckt, was »nicht von dieser Welt« ist. Dieses besondere Etwas, das jenseits von Zeit und Raum, von Werden und Vergehen steht, nennen wir Seele, Geist, Selbst, vielleicht auch göttlichen oder kosmischen Funken. Die Gruppe der Karten des Delfins der Einweihung erinnert uns daran, dass wir Innenschau, Meditation, Transzendenz genauso erlernen und einüben müssen wie andere, weltliche Fähigkeiten. Einweihung ist noch nicht Erleuchtung, noch nicht Vollendung, sondern der Beginn eines spirituellen Weges, der auf das höchste Ziel – Selbsterkenntnis und Gotterfahrung – hinführt. Zur Einweihung gehören der suchende Mensch, der geistige Führer und die von ihm vertretene spirituelle Methode.

51. Delfin der Einweihung – Wasser

Nutze Gefühle in der Partnerschaft, um die Wirklichkeit dahinter zu finden. Einweihung in der Beziehung kann auch in einer noch tieferen Innigkeit oder Intimität bestehen, die wir gewinnen, wenn wir uns wirklich einlassen, wenn wir die Seele hinter der Persönlichkeit spüren.

Partnerschaft: Erwarte vom Partner nicht, dass er bzw. sie dich je so versteht, wie du verstanden werden möchtest. Das kannst nur du selbst und der »heilige Geist« in dir.

Beruf: Beginne deine Arbeit als »Gottesdienst« oder zumindest als »Menschendienst« zu betrachten, nicht nur als Broterwerb oder Selbstverwirklichung.

Spiritualität: Gefühle sind stark, Gefühle sind schön. Sie können uns öffnen und vorwärts bringen, aber auch vernebeln. Entdecke dein Wesen jenseits von Gefühlen.

52. Delfin der Einweihung – Erde

Einweihung ist eine praktische Sache: Suche jemanden, der schon gefunden hat. Es gibt Meister und Meisterinnen unterschiedlicher Grade, ähnlich wie im Bildungswesen, die uns verschiedene Einweihungen geben können. Finden wir solche, die den höchsten Seelenzielen entsprechen.

Partnerschaft: Entscheide dich jeden Tag, jede Woche, jeden Monat neu, wie du mit deiner Beziehung umgehst, wie du sie achtest – und damit dich selbst.

Beruf: Auch Geldverdienen ist ein Weg der »Einweihung«. Auch Freude an Besitz ist eine Art, sich über das Leben zu freuen. Bleibe ganzheitlich, hebe nicht ab.

Spiritualität: Heilige, die nicht lachen und weinen, sind traurige Heilige. Geistige Reiseleiter, die sich nicht ihren Lebensunterhalt selbst verdienen, sind spirituelle Bettler.

53. Delfin der Einweihung – Feuer

Schaue in die Höhen und die Tiefen. Folge deinem spontanen inneren Impuls, solange das innere Feuer brennt. Wenn es zu verglimmen droht, entfache es erneut. Denn nur das Feuer einer brennenden Sehnsucht nach Wahrheit trägt die Seele zur Einweihung empor.

Partnerschaft: Begeisterung und Lust können nicht immer lodern – aber wenn alle Glut erloschen ist, funktioniert eine Beziehung nicht mehr. Was sagt dir deine innere Stimme?

Beruf: Eine neue Tür öffnet sich. Stehst du davor oder hältst du unerwarteten Chancen den Rücken zugewandt? Nimm aus Bauch und Herz heraus, was sich dir bietet.

Spiritualität: Wenn man Gold schmilzt, um ihm eine besondere Form zu geben, muss es erst erhitzt werden. Sei zur tief greifenden Wandlung deiner Form bereit.

54. Delfin der Einweihung – Luft

Einweihung ist eine persönliche Erfahrung, die von einem Eingeweihten offenbart wird. Es gibt zahlreiche geistige Weggefährten, doch noch mehr Menschen, die ziellos durch das Leben taumeln. Es gibt aber nur wenige Eingeweihte, die das Ziel kennen und auf dem Weg führen können.

Partnerschaft: Was habt ihr euch zu sagen? Das Rückgrat jeder Beziehung ist Kommunikation, Austausch, Geben und Nehmen. Finde wieder mehr liebevolle Worte.

Beruf: Welcher Mensch kann die Arbeitsaufgaben klar darstellen und Lösungen überzeugend und nachvollziehbar aufzeigen? Einem solchen Menschen schließe dich an.

Spiritualität: Finde einen geistigen Führer, der von den höchsten Zielen spricht, für seinen eigenen Unterhalt sorgt und dir erste innere Erfahrungen offenbaren kann.

55. Delfin der Einweihung – Äther

Wer bin ich wirklich? Diese Suchfrage wird dich immer näher an dein Ziel bringen. Der Weise Ramana Maharshi hat empfohlen, sich diese Frage immer wieder zu stellen: Wer lebt, wer träumt, wer leidet, wer sucht, wer findet …? »Wenn der Schüler bereit ist, taucht der Lehrer auf!«

Partnerschaft: Wenn ich besser erkenne, wer ich bin – welche Wünsche, Träume oder Erwartungen ich lebe –, kann ich besser erkennen, wer der/die andere ist.

Beruf: Wenn du in deinem Herzen den innigen Wunsch hegst, dass deine Arbeit erfüllender werden möge, wirst du sicher bald Hilfe »von oben« erhalten.

Spiritualität: Nicht, wer die tollsten Wunder (angeblich) vorführt, ist der beste geistige Lehrer, sondern jener, der dich zu dir selbst und Gott in dir begleitet.

Delfin der Bewährung

Delfin am Strand vor einer Stadt: In der Ganzheit der Schöpfung – in Natur und mensch-gemachten Dingen, in der äußeren Welt und im inneren Bewusstsein – muss sich zeigen, ob wir wirklich vom kosmischen Geist durchdrungen sind. Was nützte es uns, wenn wir nur in guten Zeiten »spirituell« sind, aber unter Druck und in Hektik in alte Verhaltensmuster zurückfallen, die eigensüchtig, kurzsichtig und sowohl für uns wie für andere belastend oder negativ sind? Japanische Zen-Mönche wurden deshalb, nachdem sie ausgelernt hatten, unter die so genannte Bettlerbrücke geschickt. Dort, wo Bettler und Obdachlose Unterschlupf fanden, sollten sie beweisen, ob sie noch ganz genauso in ihrer geistigen Mitte bleiben konnten, wie sie das unter den vergleichsweise einfachen Bedingungen des geregelten Klosterlebens eingeübt hatten.

Unter welchen Bettlerbrücken haben wir uns zu bewähren? Wenn es Meinungsverschiedenheit in der Partnerschaft gibt, wenn der Umsatz der Firma eingebrochen ist, wenn wir auf dem Weg in den Urlaub im Stau stecken? Erst im Alltag zeigt sich, ob wir die Ideale unserer Religion und Kultur auch unter widrigen Bedingungen hochhalten und anstreben oder sie bei Schlechtwetter schnell aufgeben.

56. Delfin der Bewährung – Wasser

Gefühle müssen gepflegt werden, damit sie auch im Alltag tragen. Dabei geht es fast nie um die »ganz großen« Gefühle wie um die Liebe, sondern um die »normalen« Bedürfnisse nach Anerkennung und menschlich würdigem Umgang. Ein persönlicher Blick und freundliche Worte tragen sehr weit.

Partnerschaft: Auch wenn wir uns manchmal etwas dazu »zwingen« müssen: Sogar »aufgesetzte« Freundlichkeit ist oft besser als eine abweisende Haltung. Probiere es aus.

Beruf: Menschen ganz allgemein – auch unsere Mitarbeiter und Kunden! – wollen vor allem als Mensch wahrgenommen und angesprochen werden. Versuche das.

Spiritualität: Wir sollten nie versuchen, einem Menschen seinen Glauben auszureden oder auch nur herabzusetzen. Wenn wir durch unser Beispiel überzeugen, reicht das.

57. Delfin der Bewährung – Erde

Du wirst aufgefordert, die kosmische Einheit in den Gegensätzen zu sehen und zu leben. Auf der Erde hat alles seinen eigenen Platz – nur im Himmel kann alles am selben Ort sein. Gib deiner Spiritualität Raum und Zeit, aber auch deiner Körperlichkeit und Menschlichkeit.

Partnerschaft: Trauen wir uns wieder, ganzer Mensch zu sein – auch mit Schwächen und Unvollkommenheiten. Dann kommen wir mit dem anderen umso besser klar.

Beruf: Auch im Bereich der Arbeit folgt jeder Mensch seinem eigenen Stern. Unsere Verhaltensweisen sollten wir anderen nicht aufdrängen, noch nicht einmal unsere Ziele!

Spiritualität: Du machst auch dann Fortschritte auf deinem Weg, wenn es so aussieht, als ob du blockiert bist oder sogar zurückfällst. Das ist alles Teil des kosmischen Spiels.

58. Delfin der Bewährung – Feuer

Kannst du in dir ruhen? Auch wenn dich alles in der Umwelt nach außen zerren will? Können wir in der Mitte bleiben, wenn es rings um uns brennt, wenn die Flammen der Leidenschaft in anderen Gemütern brennen? Das wird uns nur gelingen, wenn wir aus einem höheren Frieden leben.

Partnerschaft: Zur Bewährung gehört auch, dass wir unseren Gefühlen freien Lauf lassen, dass wir auch Ärger nicht völlig unterdrücken. Bleiben wir dabei jedoch bei uns.

Beruf: Manche Kritik kann notwendig sein, wir sollten jedoch mehr über uns und unsere Wahrnehmung sprechen, und nicht projizieren oder persönliche Angriffe führen.

Spiritualität: Feuer kann Metalle von Verschmutzungen reinigen. Ein kleines Ego wird nur ein schwaches Feuer zur Reinigung brauchen, starke Egos hingegen mächtige Feuer.

59. Delfin der Bewährung – Luft

Finde liebevolle und heilende Worte, besonders dann, wenn andere ganz außer sich sind. Eine alte Volksweisheit weiß: Worte können mehr verletzen als Taten. Lieber schweigen, vielleicht sogar lieber schwindeln, als mit wahren, aber ätzenden Worten zarte Herzen zu verletzen – oder nicht?

Partnerschaft: Wir wissen es und müssen uns dennoch daran erinnern: Der Ton macht die Musik. Wohlgemeinte Worte nutzen nicht viel, wenn das Herz nicht mitspricht.

Beruf: Es ist jetzt wichtiger, Problemlösungen zu entwickeln und vorzuschlagen, als bereits bekannte Missstände erneut zu kritisieren und Schuld zuzuweisen.

Spiritualität: Mystiker aus der Ostkirche pflegen das so genannte Herzensgebet, eine Art christliches Mantra: »Herr Jesus Christus, Sohn Gottes, erbarme dich meiner«.

60. Delfin der Bewährung – Äther

Himmel und Erde in sich selbst verbinden: Das ist die Aufgabe jedes bewussten Wesens. Das Leben ist ein großes Geschenk. Menschliches Bewusstsein mit all seinem Streben und Sehnen ist eine noch größere Gabe, weil dem Mensch gegeben ist, zu Gott zurückzufinden!

Partnerschaft: Wenn ihr euch begegnet, schaut ihr euch in die Augen. Wenn ihr der Schöpferkraft begegnet, steht ihr Schulter an Schulter und blickt in dieselbe Richtung.

Beruf: Vergiss nicht, dass auch beruflicher Erfolg bzw. Misserfolg zum größten Teil die Folge von Karma ist. Bemühe dich, selbstverständlich, lass aber auch los.

Spiritualität: Spiritualität beweist sich nicht in schönen Reden, sondern in der Lebenspraxis. Kann ich auch dann in der Mitte bleiben, wenn alles um mich herum chaotisch ist?

Legemethoden für die Delfinkarten

Inspiration für den Tag

1: Tageskarte

Ziehen Sie eine Karte, um eine Anregung für den neuen Tag zu gewinnen, um eine Ermunterung für ein schwieriges Gespräch oder eine herausfordernde Situation zu bekommen. Vielleicht möchten Sie Ihre Tageskarte in die Handtasche stecken oder auf den Schreibtisch stellen. Oder Sie legen Ihre Delfinkarte ins Auto oder an eine andere gut sichtbare Stelle. Dergestalt, dass Sie sich daran erinnern, dass ein »Delfinengel« Sie heute liebevoll begleitet, inspiriert und schützt.

Buchtipp: K. Dorea (Hg.), *Starke Frauen, große Weisheit*, Urania Verlag

Entwicklung in der Zeit

1: Vergangenheit
2: Gegenwart
3: Zukunft

Wenn Sie Entwicklungsmuster aufspüren möchten, bietet sich diese Legeart an, die einen zeitlichen Verlauf symbolisch darstellt.

1: Die erste Delfinkarte sagt Ihnen, was in der Vergangenheit für Ihre Frage wichtig war.
2: Die zweite Karte umschreibt die gegenwärtige Situation.
3: Die dritte Delfinkarte schließlich wirft ein Licht auf das, was für Sie in der näheren Zukunft wichtig sein wird.

Sicher fallen Ihnen zu allen drei Karten ganz spontan aufschlussreiche Assoziationen ein. Vertrauen Sie Ihrer inneren Stimme!

Buchtipp: J. Benedikt (Hg.), *Erinnert euch an eure Menschlichkeit*, Urania Verlag

Karmische Grundmuster

1: Thema
2: Einfluss von früher
3: Einfluss demnächst
4: Altes Karma
5: Neues Karma

Diese Auslegeart eignet sich vor allem für einige wichtige Lebensfragen. Man sollte sie gezielt und sparsam einsetzen und die Bilder eine Zeit lang nachwirken lassen.

1: Die erste Karte symbolisiert Ihre Frage bzw. was wirklich dahinter steckt.
2: Die zweite Delfinkarte zeigt äußere Einflüsse aus der Vergangenheit an.
3: Die dritte Karte weist auf Ereignisse hin, die in der nächsten Zeit zu erwarten sind.
4: Die vierte Delfinkarte bezeichnet das, woran wir noch hängen: unerledigte alte Dinge, die wir schon geraume Zeit mit uns herumschleppen und irgendwie noch nicht »erlöst« haben.
5: Die fünfte Karte fordert dazu auf, die hier gezeigte Delfinkraft aktiv zu entwickeln und so einen neuen Ansatz zu finden, um altes, überholtes Karma aufzuarbeiten und um unsere Lebensaufgaben im Einklang mit den kosmischen Kräften und den individuellen Möglichkeiten noch besser zu verwirklichen.

Vielleicht möchten Sie die fünf Karten einige Tage offen liegen lassen, um in einer ruhigen Minute immer wieder einmal hinzuschauen. So können sich vertiefte Einsichten einstellen, und Sie können auf ganz natürliche Weise weitere Anregungen gewinnen.

Buchtipp: W. v. Rohr, *Geheimnisvolle Palmbätter*: Ist unser Leben Schicksal oder Zufall?, Sophia Verlag

Muster in der Partnerschaft

1: Gemeinsamkeiten
2: Unterschiede
3: Erwartungen von mir an den/die andere/n
4: Erwartungen des/der anderen an mich
5: Hilfe, um mehr Verbindung zu entwickeln

Wie oft haben wir alle Probleme in Beziehungen: zwischen Liebespartnern, in der Familie, im Beruf, unter Vereinsfreunden und so fort. Hinter Beziehungsproblemen stecken fast immer alte Muster, die auf unsere Familie, vielleicht sogar auf Vorfahren oder frühere Leben zurückgehen. Diese Legemethode soll helfen, solche Muster zu erspüren.

1: Die erste Karte stellt dar, was die beiden Menschen verbindet.
2: Die zweite Delfinkarte zeigt an, wo es Differenzen gibt.
3: Die dritte Karte weist auf die Erwartungen des/r Fragestellers/in hin (Animus und Yang-Kraft).
4: Die vierte Delfinkarte symbolisiert das, was der andere Mensch vom/von der Fragesteller/in erwartet (Anima und Yin-Kraft).
5: Die letzte Karte deutet auf die Energie oder Schwingung hin, die der/die Fragesteller/in (noch stärker) entwickeln sollte, um die Beziehung zu vertiefen bzw. harmonischer zu gestalten.

Buchtipp: C. Spezzano, *Wenn es verletzt, ist es keine Liebe*, Via Nova Verlag

Entscheidungshilfe

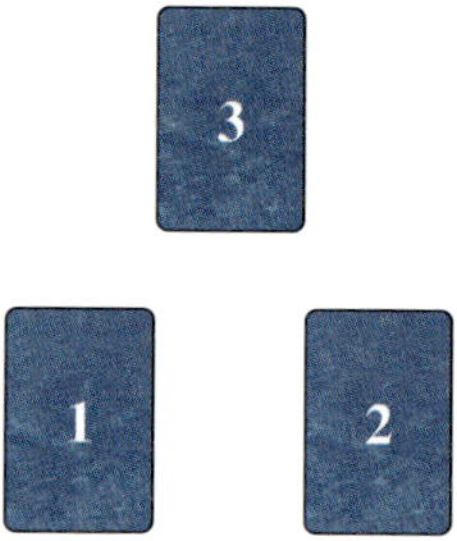

1: Das sollst du selbst tun
2: Das braucht es dazu von außen
3: Das kann das Ergebnis sein

Manchmal stehen wir vor Entscheidungen und wissen nicht genau, was wir tun sollen. Vieles spricht vielleicht für diese Lösung, etliches für eine andere und wieder einiges dafür, erst einmal abzuwarten. In solchen Situationen ist es gut, wenn wir Abstand gewinnen, die Dinge einmal ganz anders ansehen und uns auch von Bildern der Seele anregen lassen, wie sie in den Delfinkarten, die uns »zufallen«, zu sehen sind. Das kann ganz andere, auch unbewusste Energien aktivieren und uns für neue Schwingungen öffnen.

1: Die erste Delfinkarte symbolisiert, was wir selbst beitragen sollen, um zu ciner Entscheidung zu finden.
2: Die zweite Karte deutet auf das hin, was uns auf eine vielleicht noch nicht sichtbare Weise aus der Umwelt, aus der Umgebung, von anderen Menschen oder auch von »oben« erst noch zufließen muss, damit wir einen klaren Blick gewinnen.
3: Die dritte Karte zeigt an, welche »Qualität« unsere getroffene Entscheidung haben kann.

Diese Legeart sollte man für eine Frage nicht mehr als einmal einsetzen. Wenn uns die Antwort also »nicht gefällt« (oder wir sie noch nicht recht verstehen), sollten wir die Auslegung nicht wiederholen. Notfalls können wir eine einzige Delfinkarte zusätzlich ziehen, als »Deutungskarte«, aber nicht mehr.

Buchtipp: W. v. Rohr, *Die Kraft der Engel*, Urania Verlag

Kreative und/oder spirituelle Entwicklung

1: Jetzige Lebenssituation
2: Das ist meine Stärke
3: Das ist meine Schwäche
4: Hier sollte ich mehr Yin-Kraft entwickeln
5: Hier sollte ich mehr Yang-Kraft einsetzen

Es gibt Zeiten, in denen wir gar keine Probleme oder Fragen haben und doch nach Orientierung suchen oder uns nach neuen Impulsen sehnen, um schöpferischer und bewusster zu leben. Dann eignet sich diese Auslegeart, die nicht spezielle Fragen zu beantworten oder konkrete Probleme zu lösen versucht, sondern einfach eine frische geistige Sicht fördert.

1: Die erste Delfinkarte zeigt an, welche Qualität die derzeitige Lebenssituation in ihrem Kern hat.
2: Die zweite Karte weist auf die Stärken des/r Fragesteller/in hin. Stärken dürfen und sollen sogar ruhig weiter ausgebaut und genutzt werden!
3: Die dritte Delfinkarte symbolisiert die Schwächen. Man muss und soll Schwächen gar nicht immer auszugleichen versuchen. Stattdessen ist es oft besser, dass man sie erkennt und dann entsprechend behutsam damit umgeht!
4: Die vierte Karte zeigt an, welche Eigenschaft Sie mit weiblicher Energie, mit einfühlsamer Offenheit, in sensibler und liebevoll-schützender Weise entwickeln sollten.
5: Die fünfte Karte deutet auf die Eigenschaft, die Sie getrost mit mehr Einsatzfreude und sozusagen männlich-aktiver Kraft entfalten dürfen.

Diese Legemethode will keine simplen Antworten vorgeben, sondern ein lebendiges Geflecht von Energien offenbaren, das in unserer jetzigen Lebenslage eine Rolle spielt. Wenn wir uns auf seine Schwingungsmuster einlassen, wird unser Leben wieder »ganz von selbst« inspiriert werden!

Buchtipp: R. Singh, *Die Weisheit der erwachten Seele*, Urania Verlag

Anhang

Bücher über Delfine

Bercovitch, Pascale Noa, *Das Lächeln des Delfins.* Die Geschichte einer wunderbaren Freundschaft

De Bergerac, Olivia, *The Dolphin Within*

Callen, Karena/Cochrane, Amanda, *Dolphins and Their Power to Heal*

Cochrane, Amanda, *Das Geheimnis der Delfine*

Kuhnert, Kirsten, *Jeden Tag ein kleines Wunder.* Das Geschenk der Delfine

Sandoz, Bobbie, *Mit Delfinen schwimmen.* Die sanften Freunde des Menschen

Selke, Ilona, *Weisheit der Delfine.* Begegnung mit dem kosmischen Bewußtsein. Heilung ist möglich

Wale und Delfine: Von Bronwyn Sweeney. Tessloffs Welt des Wissens.

Wale und Delphine: Kalendarium mehrsprachig. Kalender. 13 farb. Bl.

Adressen-Auswahl: Delfin-Therapie

Therapy in Dolphin Reef (siehe Kapitel »Delfine als Therapeuten«)
Sophie Donio, Dolphin Reef Southern Beach,
P.O. Box 104, Eilat 88100, Israel
tel 972-7-6371846, fax 972-7-6375921
www.dolphinreef.co.il/
email: reef@netvision.il

Dolphin Therapy
Kim M. Deichmann + Caitlin Catley
Ordrupvej 72, 4th, DK 2920 Charlottenlund
tel/fax +3545-39645142
e-mail: delfin@city.dk

Dolphin Society
Helsinki Whale Watching:
www.physics.helsinki.fi/whale
(Beobachtung von Walen und Delfinen in der Natur)

The AquaThought Foundation
15951 McGregor Blvd.
Suite 2C, Ft. Myers, FL 33908
tel (941) 437-2958, fax: (941) 437-5461
www.aquathought.com/

International Dolphin-Assisted Therapy and Research Association (IDRATA)
Diese Organisation widmet sich der Forschung und ist über o.g. Adresse erreichbar.
Island Dolphin Care Inc.
Deena Hoagland, LCSW + William Shannon, Ph.D.
Island Dolphin Care Inc., Dolphins Plus
P.O. Box 2728, Key Largo, Florida 33037
tel (305) 451-5884; fax (305) 451-3710;
www.islanddolphincare.org

Dolphin Human Therapy: A Professional Association
Dedicated to Helping Disabled Children
Dr. Dave Nathanson, President Dolphin Human Therapy
13605 South Dixie Highway #523, Miami, Florida 33176-7252
tel/fax (305) 378-8670

The Full Circle Program
Marianne Klingel, Recreational Therapist
Clearwater Marine Aquarium
249 Windward Passage, Clearwater, Florida 34630-2250
tel (813) 441-1790, ext. 21, fax (813) 442-9466

The Dolphin Experience
P.O.Box F-2433 Freeport,
Grand Bahama Island Bahamas
tel (809) 373-1250
www.dolphinexperience.com/

CranioSacral Therapy (CST) with Dolphins
Russell A. Bourne, Jr., Ph.D., Chief of Staff
The Upledger Institute, HealthPlex Clinical Services
11211 Prosperity Farms Road, D-325
Palm Beach Gardens, Florida 33410-3487
tel (800) 233-5880 ext. 8801, fax (561) 622-4771
www.upledger.com/

The Dolphin Society
PO Box 2052, Clovelly, Sydney NSW 2052
Australia, phone: +61-2-9665 0712,
fax +61-2- 9664 2018
www.dolphinsoc.org/

The Virtual Dolphin Project, Inc.
27261 La Paz Road, Suite D174
Lagua Niguel, CA. 92677
tel (714) 448-9718, fax (714) 448-9638;
www.virtualdolphin.org

The Dolphin Circle
P.O. Box 1426, Lake Stevens, WA 98258
tel (425) 334 0272, fax (425) 397 0775
www.premier1.net/~iamdavid

Dolphin Program Cancun, Mexico
www.cancun.com/dolphin.html
e-mail: dolphin@cancun.rce.com.mx

Praktikantenstellen für freiwillige Helfer in den USA

Aquarium for Wildlife Conservation
Attn.: George Biedenbach/Training Department
610 Surf Avenue, Brooklyn, NY 1124

Aquarium of Niagara Falls
Intern/Volunteer program
701 Whirlpool St., Niagara Falls, NY 14301

Atlantic Cetacean Research Center
Intern/Volunteer Program
70 Thurston Point Road, PO Box 1413
Gloucester, MA 01930

Belle Isle Zoo & Aquarium
Intern/Volunteer Program
PO Box 39, Royal Oak, MI 48068-0039

Center for Coastal Studies
Intern Review Committee
Box 1036, Provincetown, MA 02657
phone (508) 487 3622
www.provincetown.com/coastalstudies/index.html

Center for Marine Conservation
Intern/Volunteer Program
1725 DeSales St., NW, Washington, D.C. 20036

Cetacean Research Unit
Intern/Volunteer Program
PO Box 159, Gloucester, WA 01930

Chicago Zoological Park
Brookfield Zoo
Intern/Volunteer Program
3300 Golf Rd., Brookfield, IL 60513

EPCOT Center Trailer #251
Peter Cook, Walt Disney World Co.
P.O. Box 10,000, Lake Buena Vista, FL 32830-1000

Florida Dept. of Environmental Protection
Florida Marine Research Institute
Intern/Volunteer Program
100 8th Ave., S.E., St. Petersburg, FL 33701-5095

Kewalo Basin Marine Mammal Laboratory
Krista Berkland, Intern Coordinator
1129 Ala Moana Blvd., Honolulu, HI 96814

Marine Mammal Research Program
Intern/Volunteer Program
Texas A&M University at Galveston
Dept. of Fisheries and Wildlife
4700 Ave. U, Bldg. 303, Galveston, TX 77551
tel (409) 740 4718, fax: (409) 740 4717
www.tamug.tamu.edu/~mmrp/
e-mail: mmrpinfo@mmrp.tamu.edu

Mirage Hotel
Intern/Volunteer Program
P.O. Box 7777, Las Vegas, NV 89177-0777

Mote Marine Lab
c/o Education Coordinator
1600 Thompson Pkwy, Sarasota, FL 34236
www.marinelab.sarasota.fl.us/

Mystic Marinelife Aquarium
Intern/Volunteer Program
55 Coogan Boulevard, Mystic, CT 06355-1997
National Aquarium in Baltimore
Pier 3; 501 E. Pratt Street, Baltimore, MD 21202-3194

National Museum of Natural History
Intern Coordinator, Education Office
Room 212, MRC 158
Smithsonian Institution, Washington, D.C. 20560

Friends of the National Zoo
Research Traineeship Program
National Zoological Park, Washington, D.C. 20008

Marine Sanctuaries
Intern Coordinator
National Oceanic and Atmospheric Administration
1305 East-West Highway, 12th Floor
Silver Spring, MD 20910; tel (301) 713-3145, ext. 153

New England Aquarium
Intern/Volunteer Program
Central Wharf, Boston, MA 02110-3399
www.neaq/org/

Pacific Whale Foundation
Intern/Volunteer Program
Kealia Beach Plaza
101 N. Kihei Rd., Ste. 21, Kihei, HI 96753-8833

Pinniped Learning & Behavior Project
Internships UCSC, Long Marine Lab
100 Shaffer Road, Santa Cruz, CA 95060
tel (408) 459-3345

San Antonio Zoological Gardens and Aquarium
Education Coordinator
3903 N. St. Mary's St., San Antonio, TX 78212-3199

Theater of the Sea
Intern/Volunteer Program
P.O. Box 407, Islamorada, FL 33036

U.S. Fish and Wildlife Service
Volunteer Program
1011 E. Tudor Road, Anchorage, AK 99503

Waikiki Aquarium
Intern/Volunteer Program
2777 Kalakaua Ave., Honolulu, HI 96815
www.mic.hawaii.edu/aquarium/

Whale Museum
Craig Snapp, Volunteer Coordinator
62 First Street North, P.O. Box 945
Friday Harbor, WA 98250

Whale Research Group
Dr. Jon Lien
230 Mount Scio Rd.
Memorial University of Newfoundland
St. John's, Newfoundland, CANADA A1C 5S7

Möglichkeiten, als (zahlender!) Helfer zu arbeiten

EarthWatch
P.O. Box 403 BR
Watertown, MA 02272-9924
tel (800) 776 8188, fax: (617) 926 8532
gaia.earthwatch.org/
e-mail: info@earthwatch.org (EarthWatch USA)
earth@creativeaccess.com.au (EarthWatch Australia)
ewoxford@vax.ox.ac.uk (EarthWatch UK)
LDN01134@niftyserve.or.jp (EarthWatch Japan)

University Research Expeditions Program (UREP)
University of California
Berkeley, CA 94720-6586
tel (510) 642-6586

William Megill
Coastal Ecosystems Research Foundation
820-1111 Melville St.
Vancouver, BC, Canada, V6E 3V6
tel (604) 683-6511
email: info@cerf.bc.ca
web: http://cerf.bc.ca/

Weitere Internet-Kontakte

www.Delfin-Therapie.de
www.dolphin-aid.de (Kinder)
www.dolphin-space-program.de
www.dolphin-hope.de
www.dolphinswims.co.uk
www.dolphinquest.org (England; Ägypten – Rotes Meer)
www.dolphindhow.com (Dhow-Fahrten – Kenia)
www.dolphinexpeditions.com (Bahamas; Yoga)
www.joanocean.com
www.dolphinodyssey.com
www.whale-zone.ch
www.delphin-homepage.de
www.wale-delphine.de
www.schwimmen-mit-delfinen.de
www.delphinschutz.org

Begegnung mit freilebenden Delfinen

The Dolphin Society
PO Box 2052; Clovelly, Sydney NSW 2052, Australia
tel +61-2-9665 0712, fax: +61-2-9664 2018
www.dolphinsoc.org/
e-mail: dolphins@dolphinsoc.org

Capt. Vicki Impallomeni
The Imp II, Key West, Florida
tel (305) 294-9731

Capt. Ron Canning
DolphinWatch, P.O. Box 4821
Key West, Florida 33041
tel (305) 294-6306

Dolphin Swim
Rebecca Fitzgerald
P.O.Box 8653, Santa Fe, NM 87504
tel (505) 466 0579 (Ort: Bahamas)

The Oceania Project
P.O.Box 646, Byron Bay 2481, NSW, Australia
tel +61-66-858128
www.nor.com.au/users/oceania

Dolphin Encounters
tel (809) 363 1653, fax (809) 363 1003
www.cpscaribnet.com/ads/dolphin/dolphin.html
e-mail: abaco@gate.net (Ort: Bahamas)

Dolphin Synergy
tel (505) 986 1215, fax (505) 986 1207
www.dolphin-synergy.com/swimming.html
(Ort: Bahamas)

DreamTeam Wild Dolphin Adventures
Dolphin Dream Foundation
P.O.Box 63271, Indialantic, FL 32903
tel (800) 741 5335, fax: (407) 676 0952
www.gate.net/~dream2/ e-mail: dream2@gate.net

Moonraker
St. Aubins Way; Sorrento, Victoria, Australia
tel (059) 84 4211, mobile: 018 591 033, fax: (059) 84 4211
(Begegnung mit Delfinen, Seehunden und Seelöwen)

Delphin-Camps
Dennis Schmitt
Langgasse 59
88662 Überlingen
Tel. 07551-308603

Arbeitsgruppe zum Schutz der Meeressäuger Schweiz (ASMS)
Oberdorfstrasse 16, Postfach 30
8820 Wädenswil
Tel. 01 780 66 88, Fax 01 780 68 08

Gesellschaft zur Rettung der Delphine e.V.
Kornwegerstrasse 37
81375 München
Tel. 089/741 604 10, Fax 089/741 604 11
E-Mail: info@delphinschutz.org

Die Autorin

Kris Dorea, Pseudonym einer polnischen Pädagogin und Übersetzerin aus Bydgoszcz, Polen. Von ihr bereits im Urania Verlag zusammen mit *Johann Benedikt* erschienen: *Starke Frauen – Große Weisheit. Weibliches Bewusst-Sein im Spiegel bedeutender Frauen.*

Der Illustrator

Günter Leisering, geboren in Gmunden/Oberösterreich, ist freischaffender Künstler und Grafiker. Neben Filmplakatentwürfen malt er vor allem großformatige naturalistische Ölbilder mit sozialkritischen Sujets. Er lebt in Rottau/Oberbayern.

Grafik:
Günter Leisering
Bemauerstrasse 25
D-83224 Grassau
Die Originalbilder können beim Grafiker erworben werden.

Die Karten zum Buch

Durch ihr hoch entwickeltes Gehirn und ihr vorbildliches soziales Verhalten erinnern Delfine uns daran, dass wir Menschen nicht die einzigen intelligenten Geschöpfe auf Erden sind. Sie repräsentieren vor allem die Kraft des Weiblichen, der Anima, der grossen Mutter – also die Gabe der Einfühlung und des natürlichen Fließens mit den schöpferischen Kräften des Lebens.

Die vorliegenden Delfinkarten möchten uns helfen, Probleme zu lösen, indem wir neue Perspektiven oder Dimensionen entdecken. Sie können intuitive Antworten auf drängende Fragen geben und uns zu einer ganzheitlichen Lebensführung inspirieren. Sie ermutigen uns, äußere und innere Grenzen so leicht zu »überspringen«, wie ein Delfin aus dem Wasser hochschnellt.

Die Weisheit der Delfine – das liebevolle Geschenk und Mitbringsel für alle Freunde und Bekannte. In derselben erfolgreichen Mini-Karten-Serie von Urania sind erschienen: Engel-, Elfen- und Feenkarten.

Kris Dorea/Günter Leisering,
Die Weisheit der Delfine
– Engel der Meere,
Kartenspiel mit 60 farbigen Mini-Karten
und Anleitungsbüchlein,
ISBN 3-908650-09-7

Weitere Titel bei Urania

Die Buddha-Karten

Mit Hilfe der Buddha-Karten lässt sich jene uralte Kraft erfahren, die die Menschen mit der zeitlosen Weisheit und Klarheit verbindet.

Auf jeder der 60 farbigen Karten findet sich ein Schlüsselbegriff aus der buddhistischen Lehre, wie beispielsweise Achtsamkeit, Bewusstsein, Karma oder Mitgefühl – in Sanskrit wie in deutscher Übersetzung. Das Anleitungsheft erklärt, zu welcher Gelegenheit und wie man die Buddha-Karten nach verschiedenen Methoden am besten auslegen und deuten kann. Dieses Kartendeck versteht sich dabei weniger als Orakelwerkzeug zur Zukunftsschau, als vielmehr zum Innehalten in hektischer Zeit und zur Erkenntnis jener Energie, die alle fühlenden Wesen durchdringt.

Lin McNulty/Gayan S. Winter,
Die Buddha-Karten,
60 farbige Karten mit Anleitung,
Format 43x68 mm, ISBN 3-908650-03-8